JN082792

高校活性化の軌跡

志願倍率上昇の実例とその要因

前　書　き

　本書はかつてのある学校での話です。少子化や産業構造の変化による問題に翻弄され、生徒の意欲喪失、怠学や退学、種々の問題行動が起きている中で、解決に至るあり方を示唆した事例がありました。この学校は、地域の期待を集めて開校したにも関わらず、時代の波の影響により次第に地元からも厳しい評価を受けるようになっていました。そして、一時は志願者数の減少により廃校の危機に瀕しながらも、校長を核として職員が一丸となりその立て直しに尽力しました。その結果、地元のみならず周辺の地域からも多くの期待と役割を担うまでになったというものです。

　本書の目的は、この事例を紹介することを通して、どのようにして生徒により良い学習環境を提供し、学校としての活性化を図ることができたかを具体的に記し、その背景を分析しながら、学校活性化の構造についての方法論を導くことです。ここで興味深いことは、当時文部科学省をはじめとして研究が進められてきた「学社連携（学校と地域社会との連携）」・「開放講座」の理念に基づいていることが基本となったことです。

　これは平成3年に論文として書いたものの一部です。これを書籍化してくれるという出版社がありましたが、当時は種々の事情によりそれができませんでした。いつかは出版したいという気持ちを温めておりましたが、縁あってようやく出版の運びとなりました。

　使われている資料は古いものですが、学校経営や活性化に向けての本質については、時代を超えて脈々と息づいているものがあります。現代でも十分に通用する内容が多数含まれていると思います。当時、学校をさらに良くしようと尽力された方々が、現在ならばどのように実践をしていくのだろうか敷衍して読んでいただければと思います。そして幹の部分を読み取っていただければ幸いです。

　本文では、学校職員、保護者、生徒、県や町の関係者からの引用は「　」で表しています。また、人名、学校名、地名などは全て仮名にしています。

目　次

第1章

高校活性化の軌跡

第1節　豊穀高校の実例

　少子化の問題が叫ばれて久しくなります。その上、産業構造の変化によって受ける影響は高等学校も例外ではありません。これは公立私立を問わない状況となっています。昭和の終わりから平成の初めの時点でも、個々の事象に多少の違いがあるものの、考えなければならない種々の問題が山積していることは明らかです。しかし、それらを解決するには、その問題の根があまりにも深く、時間の経過とともに固定化されてきた経緯が阻んでいるために、困難なものとなっている場合が多いという印象を拭うことができません。

　ところで、これらの問題解決に関連して、宮城県内のある高校の実践で極めて興味深い事例があったので、本章ではその具体的内容・そのことによる影響、活性化に至る構造等について述べることにします。

　まずは、グラフ1を見てください。昭和61年と62年のところで志願者が激増しています。それは、61年に赴任した校長による一連の取組の成果によるものです。しかも、校長が転任した後も、良い状況が維持できています。

　ここでどの様な取組が行われたのかと、その成功の体系（理由）を記すことが本書の目的です。

グラフ1　豊穀高校入学志願本登録状況

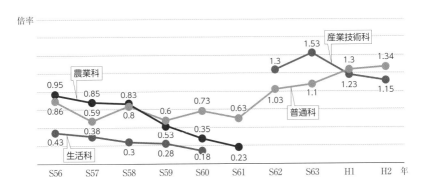

豊穀高校は昭和26年に美景農業高校の分校として農業後継者育成の使命を期待されて開校しています。そして豊穀町・美景農業高校・豊穀高校関係者等の熱心な努力により昭和45年に念願の独立校となりました。

　しかし、「地域の過疎化現象と産業界の大幅な変化や社会的風潮による農業離れ、さらには中学校の進路指導の影響、そして本校に対するダーティ・イメージから著しい定員割れが十年近く続いて」注1きていました。

　更にそれにより「学校運営のあらゆる面に多くのひずみをもたらし、とりわけ地域における本校への評価が必ずしも良くなかったので、どうすれば存在を認めてもらえるのかが大きな課題」注2でした。職員の中には廃校の危機さえ感じていた方もおられたようです。

　しかし、昭和62年からの教職員の一丸となった取組により急激に志願者が増え、その結果、以前にも増して優秀な生徒が集まるようになるとともに、生徒の問題行動面についてもその状況が良好になっていきました。そして、地域住民の豊穀高校に対する評価も向上しました。更に、周辺の中学校においては昭和62年以降は「進路指導の方向性が見直される」ようになり、平成初期には「豊穀高校に入学するのが難しい」という評判となった学校です。

注1　武山清彦　『非行と闘う－やる気を育てる心の教育－』　ぎょうせい　1990　ｐ3
注2　前掲　ｐ3

第2節　豊穀町の概要

1　地理について

　豊穀高校は宮城県北の豊穀町にあります。交通の便については、バスの路線があるのみで、あまり良好とはいえない状況でした。このため早くから自家用車が普及していました。また、町の殆どが海抜3.5mの低地であり、以前は谷地が多く開拓で入植した人々も多かったといわれています。現在は広々とした田園地帯で、面積は昭和47年現在「50,800,000㎡でありその69%が耕地でさらにその90.8%が水田となっており、県内有数の稲作地帯となっている」注1とあります。

2　人口について

　豊穀町の人口は昭和22年以後30年までは増加を続けていますが、その後は減少傾向にあります。これは終戦による引き上げ者によるものと、その後、都市への人口流出による過疎化現象のためと思われます。世帯数は逆に増加傾向ですが、大家族制から核家族制へと移行していったものと読み取ることができます。

　しかし、昭和から平成にかけての約15年間は特に大きな変動はありません（表1-2-1）。それでもやはり厳密にいうならば、世帯数は僅かながら増加の傾向があり、人口は12,500〜12,700人のところを揺れ動いています。

（表1-2-1）　豊穀町世帯数の推移

昭和	50	54	55	56	57	58	59	60	61	62	63	平元
戸数	2,556	2,581	2,579	2,595	2,605	2,613	2,618	2,623	2,626	2,630	2,634	2,628

資料は『宮城県の人口動態』（宮城県企画部）平成元年版による。

次に豊穣町の一家族当たりの平均人数を見てみると、全国的な傾向と同様に次第に核家族化している傾向を窺うことができます（表1-2-2）。

(表1-2-2)　豊穣町一家族の平均人数

昭和	50	54	55	56	57	58	59	60	61	62	63	平元
人	4.94	4.91	4.91	4.91	4.89	4.86	4.84	4.85	4.83	4.80	4.78	4.76

資料は『宮城県の人口動態』（宮城県企画部）平成元年版による。各年度の人口を世帯数で割って算出したもの。

3　産業について

⑴　農業

産業別就業者数については、次第に第１次産業から第２次産業・第３次産業へと移行しつつあります（表1-2-3）。これは全国的な傾向で、豊穣町だけの特殊な例ではありません。むしろ、第２次産業従事者がこの30年の間に174人から1,791人と約10倍となっているのに対し、第１次産業が6,313人から2,833人と半分以下となっていることは、非常に特徴的となっています。

(表1-2-3)　豊穣町産業別就業者数の推移　　　　　　　　　（人）

年	昭30	昭35	昭40	昭45	昭50	昭55	昭60
第１次産業	6,313	6,009	5,209	4,973	4,542	3,341	2,833
第２次産業	174	208	274	651	733	1,460	1,791
第３次産業	753	894	893	1,016	1,231	1,491	1,616

数値は15歳以上。資料は『豊穣町主要統計表』平成元年３月版による。

次に、先の表1-2-3で表された第１次産業の中で、農家の専業状況をさらに見てみると次のようになっています（表1-2-4参照）。専業農家数の推移を見ると、次第に減少していることが分ります。これは「昭和35年代からの高度

経済成長政策が、国の工業化のために農業を犠牲にすることを「国益」とするものであった」注2ことにもよると考えられます。そしてこれこそが豊穀高校の盛衰に大きな影響を与える要因でした。これによると、最初のうちは専業から第1種兼業へ、次の段階には第1種兼業から第2種兼業へと移行してきた経緯が良く分ります。

(表1-2-4) 専業別農家数構成比の推移

年代	昭35	昭40	昭45	昭50	昭55	昭60
専業農家	66.2	36.6	20.1	5.2	6.7	6.6
第1種兼業	21.8	44.3	59.0	55.8	49.3	35.7
第2種兼業	12.0	19.1	20.9	39.0	44.0	57.7

資料は『豊穀町主要統計表』平成元年3月版による。

特に、専業農家の割合が昭和35年には全体の66.2％でしたが、昭和60年にはそれが6.6％にも減少し、逆に第2種兼業農家が12.0％から57.7％へ増加しています。これは、いかに戦後の産業政策が農業を軽視してきたかを如実に物語っています。

⑵　**工業・商業**

　同町の工業関係については、明らかに、国の工業を優先とする産業政策の影響を受け、その伸びも順調であるように窺えます。これは、2,000戸の農家数に対して町全体の農地面積が3,200町歩なので、平均しても一戸あたり1町6反にしかならないことから、兼業へと移行していることとも関連があると思われます。

　従業者の内訳としては、電機製造関係と衣服製造で全体の70％を占めており、また、最近は5～6人規模の事業所も増えてきています。

　若者は隣接町の大規模電器製造関係企業への就職を希望する者が増加しているため、町内の事業所では採用条件として年齢を引き上げなければ人員を確保することが難しいとのことです。

事業所数の減少した時期については、景気の波により、組織替えや社名・経営者の変更などにも一因があります。仕事の内容としては労働集約型の手作業に頼るものが多くありました。また、平成2年現在の統計では、町内の大人の2人に1人は何らかの勤めに出ている状況です。

　商業関係の推移については、商店数は漸減し、従業員数は増加という傾向がみられています。これはスーパーが2軒進出してきたことにも関係がありそうです。昭和57年には数値の伸びが見られましたが、昭和55年に1日に豚1,200頭の処理能力を持つ食肉流通公社が町内に設立されたことによる影響とのことでした。これにより、豊穀町の畜産農家は養豚業からさらに販売業までも手がけるようになってきました。

　これらの豊穀町の概要を踏まえた上で、第3節においては、町との関わりの中で豊穀高校がどのような経緯をたどってきたかを述べることにします。

注1　『町制施行20年のあゆみ』　豊穀町役場　1977年　p5
注2　渡辺洋三『日本社会はどこへ行く　－批判的考察－』岩波新書　1990年　p3

第3節　豊穀高校の歴史的経過

　本書では、昭和61年度から行われた豊穀高校の実践について、その詳細な事実とその結果派生してきた事象を記述しようということは先に触れたとおりです。ここで、豊穀高校の歴史的な経過をたどるために、同校の歴史的経緯を三つの時期に分けて記述します。

　第Ⅰ期は昭和26年度の美景高校豊穀分教場開校から昭和45年度の独立昇格まで、第Ⅱ期は独立以降昭和60年度の時期まで、第Ⅲ期は本章第1節で述べたことが中心となる昭和61年度以降平成2年度までです。

　言い換えるならば、第Ⅰ期は草創期、第Ⅱ期は問題が現れ出してきた時期、第Ⅲ期はそれらについての克服への動きが出てきた時期となります。

【第Ⅰ期　昭和26〜45年度まで】

1　概要

　美景農業高校の分校として発足した豊穀高校について、『美景農業高校五十年史』が当時の様子をよく伝えています。注1

　「全日制高校に通学容易でない豊穀村注2では、定時制分校設置の必要がもちあがり、純農村地帯であるところから美景農業高校の分校実現を望み、村議会一致の強力な対県請願の結果、豊穀分教場として開設できたのである。注3（中略）地元の小学校校舎の一隅に男子42名、女子33名を2クラスに編成し、男子は1週に夜間3日昼間3日、女子は昼間4日の授業形態でスタートした。(中略)男子の入学者がたった1人しかなかった年もあり、廃校の対象になって関係者が出県して存続陳情をするなど、風前の灯火とも言うべき時代もあったが、昭和35年「豊穀町分校」となり、昭和41年には旧豊穀中学校校舎に移転して待望

の独立校舎を持つことができた。15年間の間借り生活は長く、在校生の喜びも
さることながら分校同窓生は十余台の自家用トラックで駆けつけて移転作業の
協力をしてくれた。（中略）昭和41年４月「豊穀分校」と改称され、生活科が
新設された。翌42年４月１日、宿願の全日制課程への移行が実現し振興の気漲
る盛大な式典を挙げ、続いて翌年には農業科１学級を増加、更に44年４月には
生活科学級増加するなど特に昭和38・39年より著しい飛躍を見せ、男子農業科
２学級、女子生活科２学級、生徒減少の情勢下に一躍160名募集の県下随一の
分校となったのである。（中略）内容設備も産振補助、理科振補助、町費、Ｐ
ＴＡ費、農場収入等により充実の度を加え、実験実習上あまり事欠かぬまでに
整備された。自動車もトラック大小３台の外、普通乗用車１台を備え付け、名
実ともに分校らしからぬ分校に成長発展したのである。しかし、20年にならん
とする豊穀分校史を繙くとき、歩んで来たその道は決して坦々たるものではな
かった。（中略）かくして幾多の変遷を辿って来た豊穀分校は、生徒数536名11
学級、教職員29名の隆昌にあり、清水郡南唯一の高校として昭和45年４月、独
立昇格の歓びの日を迎えたのである」とあります。

2　町の援助

豊穀高校は創立以来、「分教場」から「分校」に名称の変更をしながら発展
してきました。「分校設立には県議会の承認を得なければならない。その点、分
教場は教育委員会の考えでよろしい」注4ということでした。実際に職員は、「ス
タートはどこも分教場であり、学校独自の施設・設備が無くても設置できたし、
〜町分校という呼称は当該町村で便宜を計らうという意味あいもあったようで
ある。また〜町分校から〜分校と変更になったのは県の指導によるものであり、
他校もほぼ同時期に同様な校名変更が行われている」注5と言っています。

第１節でも触れたように、新制中学校の第１期生は昭和25年に卒業していま
すが、豊穀分教場発足当時の入学生は新制中学校の第２期生であり、当時の高
校進学率は県が44.0％（全国では45.6％）でした。まだ高校進学率が50％にも

達していないこの時期に、村で高校設置についての動きがあったということは、新制高校について豊穀村関係者の教育に対する期待にはかなり強いものがあったということがいえると思います。

　昭和26年に発足して以来、豊穀分教場は不備な施設ながらも何とか学校の機能を果たしていました。当時の職員の話によると、「戦後間もなくの建物だったので、かなり痛んでいた。鼠もいたし、冬は寒かった。床にはよく穴があいた。格技をやっていて壁がよく穴があいて修理をよくやった」注6そうです。

　この学校は村民の強い要望によって設置されたものでしたので、気分としては村立の高校という意識を村民が開校当初から持っていました。分教場時代には役場からの出費はなく、地元の小学校からの間借りによる学校出発でした。同村は昭和32年に町制施行して「豊穀町分校」になってからは、当時の町長は議員の8割が野党だったにも関わらず、出費のことについて一人一人を説得して回っており、結果的にはそれに反対する議員は1人もいなかったそうです。現在地に移って「豊穀分校」となってからは、なおさら町からの財政的な援助を多く出して貰っています。

　その現れとして、『豊穀町議会史』から拾ってみると、たとえば昭和40年1月の臨時議会においては「美景農業高校豊穀分校助成費増額と枠外採用用務員配置請願採択」を県に対する請願として可決しました。

　当時、明治以降入植してきた開拓者も町内に数多くいましたが、その苦労して開墾した田を惜しみなくいくらでも学校に貸してくれたという人的条件にも恵まれていました。これによって得た収入により学校が財政的にも潤ったことは、当時の職員や生徒にいかに活気を与えたか容易に想像がつきます。

　更に、時期は明らかではありませんが、校門入口拡張のための町有地の寄付について町長の先決があったこと、教職員住宅地を県に寄付するということも行われています。

　特に、昭和44年度可決された助成については、町の予算規模が当時約2億6,138万円規模注7だったことを考えれば、町立の高校でもないのにその4％近くも支出をしていることは注目に値します。

　しかし、このことは、志願者減少期に際しての高校への手厳しい評価へとつ

ながってゆくことと切り離して考えることはできません。

　さらに、分校から本校への独立を目指していた当時の町長は、農家ではないが実力者であった人物の子弟を豊穀分校に入学させることを勧めており、本人もその子ども３人も了承して豊穀分校に入学した経緯がありました。注8 ちなみにその子どもたちが在学中の７年の間に豊穀分校は独立を遂げています。独立した豊穀高校の初代ＰＴＡ会長がその人でした。

3　生徒の様子

　昭和29年からその翌年にかけて、ＰＴＡ、教職員、生徒会が一丸となって、生徒募集に歩いた日々の中には、「雪の降る夜、オーバーの襟を立て、歯をくいしばりながら自転車のペダルを踏んだこともあった」とのことです。それは「『あんだ（あなた）どこ卒業したの？』と聞かれて廃校になっていたらそんなに辛いことはない」という卒業生の話からも、独立以前の状況はかなり切羽詰まっていたことが窺えると同時に、それだけ職員と生徒との結びつきも強かったように思います。ちなみに、昭和40年３月の卒業生はただ１人でした。また、生徒募集に回ると「そんな学校あるんですか？」と聞き返されたこともあったそうです。

　しかし、「分教場や分校時代は、運動会や文化祭も地域と一緒になって行っていた。また、共進会という名の家畜関係の農業祭も行われていた。文化祭などは一般の人が多くて廊下で擦れ違えないくらいだったし、食堂も入りきれない状況だった」ということです。

　当時、生徒には農場当番（農当）というカリキュラム上の制度があり、その班で町内の農家の稲刈りをやらせたところ、生徒は誰も欠席しなかったといいます。また、生徒達は牛乳やパンをもらって喜んだし、農家によってはジュースばかりもらったとかおにぎりが出たという話題を持つのも楽しみであったといいます。また、条件の悪いところを敢えて頼んで刈り取りをやらせてもらったので、農家からも喜ばれていたし、上級生の指示により作業はスムーズに進

んだとのことでした。

　運動会等の行事に関しては、校舎の裏でムカデ競争等の練習を自主的に行ったり、稲杭で応援席を作る時には生活科（女子）の生徒の分は農業科（男子）の生徒が作ってやり、その分梁板は女子が運んだりするなど、互いに助け合うという関係が自然な形で行われていたようです。しかし、その後志願倍率の低迷に苦しんでいる時期の生徒については、脇で困っていても手を貸そうという気持ちがなくなってきていたり、人と人との交わり・コミュニケーション・協力性が薄れてきていると言う職員の言葉が印象に残っています。

　当時は分校らしさ（Schoolidentity）をどう創るかということが、職員や生徒の関心事でした。そのために文化的な部分で何ができるかという観点で趣向をこらし、ＮＨＫの専属歌手を招いて授業をしてもらい、民謡の発表会などを行ったことがあるようです。その後、この年代の卒業生は頻繁に同級会を開いているそうです。また、「独立」という明確な目標があったので、何をやっても本校に負けないという機運がありました。実際に本校・分校合同の弁論大会で１位から３位までを独占し、運動会でも上位入賞を果たすことがよくあり、少人数で参加した行事にさえ、優勝杯を持って凱旋することもあったそうです。この時の生徒や職員の気持ちは想像するに難くありません。

4　学校をめぐる状況

　当時のことを関係者が振り返るとき、本校である美景農業高校の校長伊藤氏の名前が必ず出てきます。伊藤氏は昭和38〜45年３月まで在職し、豊穀分校の独立に向けて非常に熱をいれたので、「本校の方にももっと力を注ぐように」という声も聞かれたほど、豊穀分校独立のための牽引者となっていたということです。また、生徒指導には厳しかったし、学力は必ずしも高くはなかったけれども、躾は郡で一番といわれ、地域の人々からは「豊穀分校はいい」とも評判になったほど力を入れた校長でした。

　また、昭和35〜39年には、豊穀高校の入試倍率が進学率の低さや（県は50％

〜70％）、子どもも少なかったことにより低迷していましたが、町の協力と、伊藤校長の働きで伸びたようです（表1-3-1）。

　昭和41年度の入試志願率は当時の新聞によると、「農業科・商業科が上昇、普通科・工業科は後退」注9とあります。昭和42年度の入試志願率については、定時制は県立の定員が1,360人、市町村立の定員が830人に対して、それぞれ941人・699人と定員割れを起こしていました。このような中にあって豊穀高校は県内の二つの実業高校に次いで、第3位の高倍率（2.35倍）となっています。翌昭和43年度に農業科1クラス増、更にその翌年には生活科が1クラス増となっており、破竹の勢いで豊穀高校が伸びてきたことが窺われます。

　必ずしも農業でなくてもいいから高校を設立して欲しいという希望が豊穀町にはありました。それは独立することにより他の地域の学校へ行く経費（下宿や交通費）が節減されるということをも意味しています。ちなみに清水郡の南3町には独立高校が無く、豊穀分校が独立することはその3町にとっても都合が良いということでもあったのです。しかし、郡内に農業高校が二つも必要かという声も当然のことながらあったというのも事実でした。

　このような中で、「職員は5人と人数が少なかったのでまとまり易く、和気あいあいとやっていたが、職務分担は曖昧であった。また酒もよく飲んだ（1週間のうち3日くらい）し、運動会などには『お遣い（案内状）』注10を出して多くの人に来校してもらい、地域とも一体だった」と当時の職員は回想しています。注11

　実はこの「地域とも一体」であることが、独立以降の豊穀高校に影響を落とすようになってくるのです。

（表1-3-1）　豊穀高校入試倍率の推移

年度	昭35	昭36	昭37	昭38	昭39	昭40	昭41	昭42	昭43	昭44	昭45
農業科	0.83	0.43	0.7	0.33	0.63	1.15	2.30	2.35	1.26	1.21	1.11
生活科				生活科募集開始			1.33	2.05	1.90	1.21	1.29
県平均	0.49	0.73	0.83	0.96	1.16	1.16	0.89	1.34	1.34	1.29	1.32

年度	昭46	昭47	昭48	昭49	昭50	昭51	昭52	昭53	昭54	昭55
農業科	1.23	1.24	1.05	1.11	1.21	1.14	1.24	0.98	0.76	1.09
生活科	1.45	1.08	1.19	1.35	1.48	0.94	0.99	0.90	0.85	0.76
県平均	1.31	1.31	1.27	1.30	1.25	1.26	1.22	1.18	1.20	1.24

年度	昭56	昭57	昭58	昭59	昭60	昭61	昭62	昭63	平元	平2
農業科	0.95	0.85	0.83	0.53	0.35	0.23	募集停止			
生活科	0.43	0.38	0.30	0.28	0.18	募集停止				
普通科	0.86	0.59	0.80	0.60	0.73	0.63	1.03	1.26	1.30	1.34
産業技術科	募集停止						1.30	1.28	1.23	1.15
県平均	1.19	1.14	1.28	1.29	1.25	1.29	1.30	1.34	1.35	1.31

　資料は河北新報各年2月県内版、『宮城教育年報・宮城県の教育』（宮城県教育委員会）による。

※　県の倍率については豊穀高校と同じく昭和41年度までは定時制、同42年度からは全日制のものを掲載した。

注1　『美景農業高校50年史』p65〜66
注2　町制施行は昭和32年なので当時はまだ村であった。
注3　『豊穀高校十年史』p11によると次のような理由により、豊穀村村議会での決議により分教場が設置されている。「1、学校改革によって教育の機会均等が実現されたとはいえ、将来平和産業の振興に寄与し、経済自立を目指す我国にとって職業教育の完全実施は真に緊要と思われるが、現在の学校配置の状況からして必ずしも完璧を期しているとは思われない。2、県内の穀倉である清水郡は、従来実業教育の機関に恵まれず、美景農業高校が唯一の機関ではあるけれども、偏在しているのが遺憾である。3、そこで郡南の穀倉の中心地である豊穀村に定時制の分校を於いて、実業教育を施し産業の発展を期する事は、現下の緊急時である」
注4　『美景農業高校50年史』p11
注5　美景農業高校旧職員の証言による。
注6　豊穀高校職員の証言による。
注7　『年輪－豊穀町制施行20年のあゆみ－』豊穀町役場　1997年　p60
注8　豊穀高校初代PTA会長の証言による。氏は「親の強制、子どもは入りたいとは思っていないが、嫌だけどお父さんが言うから入った」という。また、氏は3人の子どもを豊穀高校に入学させたが、家業が住職ことから和尚になるために大学に進学させたところ、高校のカリキュラムの関係で英語の力不足に苦労したということもあったようである。進学を前提にするならば、普通科の高校は隣町にあったのだが、それを

町長の説得によって地元の農業高校に入学させている。

注9　河北新報昭和41年2月20日付　p6

注10　豊穀高校旧職員の証言による。氏によると「当時の校長などは農業に固執したが、期成同盟会員はどちらでも良いし、県では総合高校でもいい」という様子であった。また、「『○○殿』と書かれた案内状を貰うと地域の人達はご祝儀を持って来てくれた。『案内状出さねけど来てけらいん（出さないけど来てください）』ではプライドがあるので来てはくれないものだ」とも付け加えてくれた。

注11　前掲。例えば「文化祭には農産物即売があったり、とろろ芋が食べられたり、目玉商品があり、職員・生徒にとって張り合いがあった。このために朝から並んでいる客もいた。また『今年の文化祭○月の第○日曜前後でがすっぺ（でしょう）』と話しかける地域の人もいた」とのことである。

【第Ⅱ期　昭和46〜60年度まで】

　この期の特徴は、次第に入学希望者が減少し大変憂慮される状態となったことでした。生徒は退学等により「次第に仲間が減り、心もすさみがち」となり注1、教師集団は「なんとかしなければ、ともがきながらも力を発揮することができず、無力感にさいなまれる」に至った時期でもあったようです。農業離れが進む時代に、不安を抱きつつも注2、普通科を新設して時代の状況に即応しようとしましたが、決定的な効果が現れず、職員にとっては忍耐の時期でもありました。

1　概要

　昭和45年に豊穀高校は念願の独立を達成しました。分教場が設立されてから実に19年目のことでした。関係者の喜びもひとしおだったに違いありません。当時の模様を昭和46年度赴任の第2代校長は次のように表しています。

　「赴任当時の職員室の先生方は約30名で、そのうち独身の先生が20名程もおり、若い先生方が圧倒的に多く校内は常に活気にあふれ明るい雰囲気でした。生徒は約500名で農家出身者が多く、体格もよく、純朴で農場実習の時などは

男女ともに実によく働いていました。地域の方々は、人情に厚く何かにつけ快く御協力下さったので非常に心強かった次第です」と。

　また、当時の教員によると、「全校生徒で500人という規模は、本当にまとまりやすく、名前と顔が一致するという点で、教師と生徒の壁があってなきに等しいものでした。馴染みやすい反面、日常生活まで監視されている感じがして仕方なかったこともあります。しかし、この家族的雰囲気のある校風は、他校に絶対ありません」と言っていることからも独立当時の温かい雰囲気が伝わってきます。

　しかし、昭和59年度に赴任した第7代校長の頃にはかなり状況も変わってきました。その校長によると、「当時は農村の過疎化現象が著しく、清水郡とその近隣地方はいずれも生徒数が年々減少し、学級削減が行われても定数に満たない状況で、特に実業系の高校にその傾向が強く、各校とも生徒募集に躍起となっておりました」とあります。

　また、当時のある教員は「昭和50年代の後半は、この豊穀丸（学校名を船名にたとえている。筆者注）の行く手に暗雲が垂れ込めてきました。農業離れというとてつもなく大きな問題やら学校騒動があったりして、乗船者がめっきり減ってしまったのです」とも言っており、次第に志願者の減少や校内で生徒指導上の問題が増えてきたことを表しています。

2　職員増の影響をめぐって

　分校時代には職員が5人だったところ、独立昇格を目指して生徒の募集をした結果、生徒の志願率が県でも第3位となったのは昭和42年度でした。そして、その翌年には農業科が1クラス増になり、続いてその翌年には生活科が更に1クラス増となったことは先にも触れたとおりです。

　職員数は、昭和38年度の5人からちょうど10年目の昭和48年度には48人となり約10倍になっています。この10年間の平均変化率を取ってみますと、1年に4.3人ずつ増えていることになります。このような状況で職員はどのような意

識を持っていたのでしょうか。

　ある教員は次のように言っています。「分校時代は手作りで生徒を育てた。しかし、独立してからは、校長がリーダーシップを取ってやった」と。

　また、独立以前は5人の職員で和気あいあいとやっていましたが、人数が多くなってくるにつれ、次第に物事の処理の仕方が以前とは違ってこざるを得なくなり、それに伴い様々な意見の食い違い等も出てくることは想像に難くありません。事実、各種学校行事の際に案内状は県立学校では地域に出す必要がないという考え方になりました。「職員の共通理解が崩れてきた。独立すれば、学校内の仕事、整備、他との付き合いにおいて、どこかで線を引かなければいけなくなるものだ」とも言っています。

　そして、概略でも述べたように、時代の波が押し寄せ、この地域の過疎化現象とも重なり、生徒数が減ることになっていきます。

3　生徒について

⑴　人数の推移

　次に、生徒の入学状況と卒業状況を見てみますと次のとおりです。なお、表1-3-2における卒業生数は、当該年入学生の卒業時においてのものです（表1-3-2・1-3-3参照）。

(表1-3-2) 豊穀高校入学定員と入学者数の推移

入学年度	昭35	昭36	昭37	昭38	昭39	昭40	昭41	昭42	昭43	昭44	昭45	昭46	昭47
入学定員	40	40	40	40	40	40	80	80	120	160	160	160	160
入学者数	26	9	18	36	49	49	107	108	148	188	171	180	164
同卒業数	11	1	13	26	46	44	※	205	134	179	165	171	158

入学年度	昭48	昭49	昭50	昭51	昭52	昭53	昭54	昭55	昭56	昭57	昭58
入学定員	160	160	160	160	160	160	160	160	170	170	170
入学者数	173	169	186	155	160	145	123	143	125	91	114
同卒業数	166	164	168	144	156	138	106	119	108	88	108

入学年度	昭59	昭60	昭61	昭62	昭63	平元	平2	
入学定員	170	170	130	130	130	130	130	
入学者数	85	87	65	129	145	139	139	
同卒業数	69	77	54	118				

資料は『学校統計要覧』(宮城県教育委員会)、『豊穀高校学校要覧』による。
※　昭和41年度と42年度の入学生が同時に卒業したことについては、修業年
　　限が4年である定時制課程の最後の卒業生と、全日制の第1回卒業生が同
　　時に卒業したことによる。

(表1-3-3) 豊穀高校正規に卒業した割合　(％)

卒業年度	昭38	昭39	昭40	昭41	昭42	昭43	昭44	昭45	昭46	昭47	昭48
卒業割合	42.3	11.1	72.2	72.2	93.9	89.8	95.3	90.5	95.2	96.5	95.0

卒業年度	昭49	昭50	昭51	昭52	昭53	昭54	昭55	昭56	昭57	昭58	昭59
卒業割合	96.3	96.0	97.0	90.3	92.9	97.5	95.2	86.2	83.2	86.4	96.7

卒業年度	昭60	昭61	昭62	昭63	平元	
卒業割合	94.7	81.2	88.5	83.1	91.5	

資料は『学校統計要覧』(宮城県教育委員会) 豊穀高校学校要覧による。

　昭和40〜44年度の間に、定員が40人から160人と4倍に増えています。か
つては規模が小さかっただけに、学校全体としても生徒増に伴う活気があっ
たと考えられるでしょう。当時の職員はこの時期のことを「第1次ベビーブ

ームの関係。それ抜きでは考えられない。昭和25〜26年生まれの生徒が高校入試の時期にあたる年に学級増をした」と述べています。

　入学志願状況は既に触れたとおりで（P９. グラフ１参照）、生活科は昭和51年度から、農業科は昭和53年度から次第に長期低落傾向が見られるようになります。

　その原因を考えるにあたり、表1-3-3を見てください。これは入学した生徒がどのくらいの割合で卒業しているかを表したものです。昭和39年度の11%という数字については、その入学時点での人数が僅か９人であったことに加え、当時の高校進学率もさほど高くはなく（県では56.1%）、結果的に卒業者が１人だったことによりこのような値となっています。

　しかし、昭和56年度からの３年間の80%台の数値はその前後と比べても、低いと言わざるを得ません。当時は県の高校進学率は既に90%を超えています。つまり、高校進学ということが社会の大勢という時期にありながらも、中途で勉学を続けることのできなくなる状況が窺えます。それは昭和59〜60年に一時的には回復しますがその後再び低下しています。

　ところで、豊穀高校が県の指示もあり、普通科を新設したのは昭和56年です。これは当時の教員によると、「それでなくても少子化により中卒者数が少なくなって志望者が減少してきたことに加え、国の政策により農業の先行きが暗いという状況から、普通科に対する親の期待が高まってきたため」ということが背景にあるとのことでした。

　しかし、豊穀高校にとっては普通科の設置によっても、生徒の減少を決定的に食い止める力とはなり得なかったことは表1-3-2からも明らかです。これに関して、当時のある職員によると、「豊穀高校の農業器具が機械化したのは昭和50年頃だが、農家の機械化は既にその４〜５年前には行われていた」ということです。そして、それにより農家の子弟が自然と親しむ機会を奪われてしまったので、農業に対する興味や関心を持つことが無くなってきた、ということが言えるかもしれません。学校が機械化した時点では既に、生徒は自宅の田んぼや畑にも出たことがない、という状況にありました。

　このことについて、ある教員は次のように説明しています。

「国政の関係で農業で飯が食えなく」なり、「家庭内で先行きを嘆く」ことになる。そうすると、それを見ている「子どもが将来に対して意欲を持つことができなく」なり、「自分で自分の首を絞めることになるのだ」と。ちなみに農業の経営が順調であった「第4、5回卒業生までは誇りを持っている」ということも聞かれます。

これを裏付けるような、「今の子どもは『農業』という言葉が嫌いなのではないか、土をいじったり、家畜の世話をしたり、汗を流して仕事をするということも嫌いなのではないか」という職員の指摘もありました。

また、「生活の型が都会型となって、親子のコミュニケーションがなくなってきている。たとえば、以前は四六時中親は家にいたが、今は兼業のために親は朝4時に起きて子の弁当を作り、6時には働きに出かける。子が学校に行ったと思っているだけで実際どうなっているかは知らない」のが実情だという職員の話もあります。

(2)　生徒の様子

さて、時代は前後しますが、生徒の雰囲気について述べたいと思います。この期の後半から第Ⅲ期にかけて、生徒指導に関する問題が次第に多くなっていったことについて、次のような話を紹介します。

「昭和50年ころから部活動も振るわなくなり、だめになってきた」し、「職員の共通理解が崩れてきてだいたいその頃から生徒の荒れる前兆が芽生えてきた」ということです。

しかし、勿論独立当初からそのようなことがあったわけではなく、ある職員によると、「昭和46〜47年頃までは生徒の団結力があり、作業・体育祭等でのクラスのまとまりもあった」という指摘があります。独立開校の余韻で学校全体が非常に盛り上がっていたと受け止めてよいと思われます。ちなみに、生徒の各種大会でのこの期の実績を掲げると次のようになっています（表1-3-4）。

この表からは、主に農業科の生徒の活躍が主流となってきたことが見てとれます。

（表1-3-4）　生徒の主な活動実績

年　　度	項目
昭和45	野球部　新人戦県ベスト４
46	野球部　新人戦県ベスト４
	家畜審査（豚の部）全国大会出場
	作曲コンクール　県特選
48	意見発表全国大会　優秀賞
49	意見発表全国大会　出場
50	野球部　夏の県大会ベスト８
51	読書感想文コンクール　県佳作
52	測量（平板の部）全国大会　優秀賞
53	読書感想文コンクール　県佳作
	柔道部　高校総体（団体の部）ベスト８
	柔道部　高校総体（県個人の部）ベスト４
54	意見発表全国大会　優秀賞
	家畜審査（豚の部）東北大会最優秀
	柔道部　新人戦 (県個人の部）第２位
55	家畜審査（豚の部）東北大会出場
	測量（平板の部）東北大会出場
58	家畜審査（肉牛の部）東北大会第３位
59	測量（平板の部）東北大会出場

資料は『豊穀高校二十年史』による。

　学校において、何か一つのことでも生徒の自信につながるような出来事があれば、そのことによって学校が活性化するということをよく聞きます。上記のことにより、当時生徒は賞賛され自信を深めたことでしょうし、学校全体としても士気が揚がったと思われます。さらに、それらの実際を考えるとき、職員の並々ならぬ努力があったことも忘れてはなりません。

　しかし、志願者の減少や中途退学者の増加という状況をデータから読む限りにおいては、地域の人々にとって上記の事柄はそれほどアピールされた事ではなかったような印象を受けざるを得ないことが残念に思われます。

4　町との関係

第Ⅰ期においては、町からの財政的援助が多くありましたが、この時期になると、県立へ移管したこともあってか、以前と比較するとあまり多くの援助はなかったようです。

ちなみに、『豊穀町議会史』によると次のとおりです。

昭和46年12月定例会において、豊穀高校実習地を県に無償譲渡のため町有財産処分可決。この後は豊穀高校は昭和53年に焼失したこともあって、豊穀町では「見るに見兼ねて」同年6月定例会において豊穀高校火災現場整理費補正予算945,000円が可決されています。また翌昭和54年定例会において、非常備消防費として豊穀高校への寄附金を667万円を追加しているということにとどまり、やはり県立に移管したということから、「気分としては町立」という意識が次第に遠ざかってきたようです。

また、学校が地域との繋がりにおいて次第に希薄になっていったことの例として、象徴的な話があります。独立以前には地域と学校が一体であったことは先にも触れたとおりです。たとえば、夜に町民が学校のグランドで自動車の練習をするのを黙認していたことがありましたが、職員も替わり、校長も替わるにつれて次第にそれができなくなっていったということです。それにより「これはなんだべや（どういうことなのだ）」という声が聞かれるようになり、学校に対する期待を減じさせていく要因にもなっていったのかもしれません。

このように、この期では豊穀高校が念願の独立を果たしたことにより、破竹の勢いで規模が大きくなっていったのにも関わらず、それと引換えに次第に町とのつながりが薄らいでゆき、時代の流れによる生徒の減少傾向に抗しきれず、次第に苦難の様相を深めていくことになっていきました。

注1　豊穀高校旧職員の証言『豊穀高校二十年史』p 27　「次第に仲間が減る」とは中退していく生徒のことを指している
注2　豊穀高校職員の証言。普通科を設置するにあたり、農業科職員の定数を削減するということについての不安

【第Ⅲ期　昭和61～63年度まで】

　第Ⅱ期においては豊穀高校の入学志願者が次第に減少していき、生徒指導上の問題が出てきた時代であったことは述べてきたとおりです。第Ⅲ期の特徴としては、校長をはじめとして全職員が一丸となって取り組んだことによって、「再興の時」を迎え、そして本書執筆中であった平成２年にあっては「躍進の時」を迎えるに至ったということがいえます。

　第Ⅲ期記述の目的は、具体的にどのような実践に基づいて上述の結果に至るまでになったのかを明らかにすることにあります。そのために当時の関係者の話や客観的な資料とに基づいて、なるべく実際の輪郭を浮かび上がらせたいと思います。

　さらに、その事柄が周辺の中学校に対して、どのような影響を及ぼすようになったのかについても述べていきます。

1　実践の概要

　この期の全体像について、当時の校長が以下のように表現しています。注1
　「最初にぶつかったことは、この地域の過疎化現象と産業界の変化、社会的風潮による農業離れ、更には中学校の進路指導の影響などで、著しい定員割れが10年近く続いていたことでした。それは学校運営のあらゆる面に多くのひずみをもたらし、豊穀高校の評価は必ずしも良くありませんでした。学校を良くするためには、地域ぐるみで豊穀高校の存在感を強めることが必至でした。必ず立て直すとの信念で、『地域に開かれた高校』をめざしてスタートしたものです」

　その主な内容としては、教育課程の改善をはじめとして、開放講座『地域に根ざしたパソコン教室』など、職員による様々な講義・実技や技能講習など地域に対しての学習機会の提供、中学生に対する「一日体験入学」、「豊穀高校の教育を語る会」、校長が各団体で行った「講演会」などがあげられます。その結果、これらの努力により、今までの「だめな学校」「元は分校」等の偏見や

悪いイメージから、「地域に開かれた高等学校」、「おらほ（私達という意味の方言）の町の高等学校」のイメージが徐々に高まり、「良い学校」、「素晴らしい学校」と評価されるに至っています。そしてそれはこの後、入学志願者数推移にも現れてきます。

　では、どのようにしてこれらのことが実現されるに至ったかを以下の項で述べることにします。

2　実践の内容

　この期においては学校職員の努力も大変なものでありましたが、校長の役割も非常に重要な位置を占めています。本書においてはこの期に職を務めた校長を小山校長、そして同時に赴任した教頭を八重樫教頭と記述することにします。

　豊穀高校は数々の実践を行っていますが、当然のことながら厳密には項目別に切り離して分類できない実例がかなり多くあります。そこで、豊穀高校が昭和62年度から2年間、文部省指定高等学校生徒指導研究推進校となったことにより作成された研究集録、並びにその関連資料に基づいた分類を参考にしながら事実を記述していくことにします。

　本項目では(1)教職員の実践、(2)地域社会との連携、(3)学校諸団体との連携、(4)家庭との関わり、(5)学校環境の改善、(6)校長の実践、に分けて書くことにします。以下は、主に面接調査と関連資料に基づいての詳細です。

(1)　教職員の実践

(a)　学科転換と教育課程の変更

　豊穀高校は、小山校長が赴任した昭和61年度においては、普通科2クラス（男女90人）と農業科1クラス（男女40人）の定員となっていました。1年前には志願者の減少により生活科1クラス（女40人）が募集停止となっており、廃校の危機のまっただ中にあり、廃校後には校舎は県の施設に

なるという噂も町内にはあったようです（表1-3-5）。

(表1-3-5)　募集定員の推移

年	第　　Ⅱ　　期					第　　Ⅲ　　期		
	昭55	昭56	昭58	昭59	昭60	昭61	昭62	昭63
農業科	男80	男40	男40	男40	男40	男女40		
生活科	女80	女40	女40	女40	女40			
普通科		男女90	男女90	男女90	男女90	男女90	男女90	男女90
産業技術科							男女40	男女40

資料は『豊穀高校学校要覧』による。

　昭和61年に生活科を廃止し、従来男子生徒しか募集していなかった農業科の募集枠を、男女40名としたところにその苦悩が窺われます。そしてその年の入学生が65人であり、定員充足率が丁度50％だったことをも併せて考えるとき、豊穀高校は正に背水の陣を敷いていたといえるでしょう。

　そこで豊穀高校がカリキュラムの変革に関して行ったことは2点ありました。一つは学科の転換、もう一つは教育課程の変更です。

　豊穀高校は農業離れという時代の趨勢にあって、普通科への期待があることと併せて、機械関係の学習について地域の期待へ応える意味から、昭和58年から普通科のカリキュラムの中にも選択制で機械・自動車、情報処理関係の授業を開設しました。しかし、ＰＲ不足もあってか、「あまり人気がでなかった」とのこと。それに、当時の職員が言うには「我々にも危機感があった」ので農業科に替わるものとして第1次産業から第2次産業に近づけていくという方向が考えられ、「当初学科の名称は農業機械科としたかった」のですが、「県の許可が下りずに結局は産業技術科となった」とのことです。

　この学科転換に際しては、小山校長が関係機関への理解を求めるために奔走していました。この事について、ある職員が「生徒にも職員にも厳し

かったが、校長もよく動いた」と述べていることは注目すべき点です（表1-3-6)。

(表1-3-6)　学科転換に関わる校長の足跡

昭和61年

月　　　日	項　　　　　　　　目
4月17日	ＰＴＡ役員会で説明する
26日	ＰＴＡ総会で説明する
5月22日	町に打診（町長、議長、教育長）し了解を得る
6月3日	郡内校長会に相談助言求める
4日	豊穀高校教育振興会※で説明、協力・助言求める
5日	県農業高校長会に相談、指導・助言求める
23日	豊穀町議会で説明し、了解を求める
24日	美景高校長に説明し協議する
7月16日	中・高連絡会（校長会）で説明する
28日	同窓会役員会で説明し協力を依頼する
8月10日	同窓会総会で説明し協力を依頼する
30日	県教育委員会でのヒアリング
9月18日	町当局との打合せ

※　豊穀高校教育振興会とは、高校設立の経緯から町長が会長となり、町の立場も含めて高校の振興を図ろうという援助の会。
　資料は『昭和62、63年度高等学校生徒指導研究推進校研究成果中間報告資料編』による（豊穀高校、昭和63年3月8日）。

　上記の期間に学科転換に関して、来校した関係者と協議した案件については次のとおりです。

　6月10日、町教育委員全員来校。学校視察時に説明し了解を得る。6月27日、町議会議員全員学校視察のため来校。再度説明し了解得る。7月4日、「豊穀高校を語る会（町内有識者40名）」で説明。8月10日、県議会文

教警察委員が所管事項調査のため来校の折に学科転換についての話題提供。

この間に、職員は5～7月にかけて、この件に関してカリキュラム委員会・職員会議をもち検討を重ねていました。

新設予定の産業技術科にあっては農業・工業・商業の分野から幅広く選択履修できるという特徴を持ち、普通科にあっては3年次において進学・教養、情報・経済、体育といった3種類のコースから自分の適性・希望・進路によって選択できるという特徴を持たせることになりました。

この新教育課程を周辺町の中学校にPRした方法については、後で述べます。

(b) 入学式について

従来、入学式は以前の卒業式のように、来賓の人数は少なかったようです。それは町内にある中学校が同じ日に入学式を行っていたので、町関係の来賓は当然のことながら、招待されてもどちらか一方にしか行くことができず、中学校を優先させていたからです。そして、先述の経緯からしばらくの間は高校から遠ざかっていたようでした。

その改善策として豊穀町の教育長によると「高校が入学式を小中より1日遅らせたことによって議員がほとんど出席するようになった」との話があります。

新入生呼名の際には親子共に起立させています。また、「呼名の時、声が低い場合には本番でもやり直し」をさせていることも指導の徹底を印象づけるエピソードとなっています。

来賓招待の意味については、学校側にとって生徒の存在感を植えつけるためだったようですし、来賓の立場からは、「お祝いの気持もさることながら学校側からの熱意に動かされ、校長の顔を立てるためにも行こうという気持ちになった」と言われています。

(c) 生徒の『存在感』の喚起　　―　卒業式の工夫　―

このことについては、小山校長が町や地域、周辺中学校長等との連携を

重視していたことにも触れなければなりません。

　学科転換に際して、校長が足しげく関係機関へ顔を出し、その結果、町議会議員や、県議会議員が視察のために来校していることは先にも触れたとおりです。さらに、その前段階として校長は町関係の行事にすべて出席をしています。これらのことが呼び水となって卒業式当日には多くの来賓が来校していました。来賓が来校することにより生徒達の存在感を喚起し、これだけ大勢の人達が注目しているのだという印象を与えることにつながったようです。

　卒業式の際の来賓数は、第Ⅱ期の最後には約10人程でしたが、昭和61年度の卒業式には約60〜70人になっていた注26ことからも学校の努力が窺われます。

　式場にはシートを敷き、農場の花を並べています。『君が代』斉唱が行われた後の式の演出に趣向を凝らしています。体育館全体を暗くしておいて、呼名の際にステージの脇にその生徒の顔写真のスライドを大きく写し出し、同時に起立した生徒にはスポットライトを当てていました。また、その際に生徒のイメージにあった音楽を流しています。注27さらに来賓紹介の際にも一人一人にスポットを当てるなど細かい配慮も行き届いています。

　なお、その式の中で、日頃努力をしている生徒の実績について発表の機会を設けていました。たとえば、校内の行事である「意見発表」において優秀な成績を収めた生徒の発表や、吹奏楽部で県の独奏部門で賞を取った生徒の演奏を来賓にも披露するなどです。実際演奏した生徒によれば、「出る前は緊張したが、出たら大丈夫だった。終わってから『良かったよ』『御苦労さん』と言われて出て良かったと思った。気分が良かった。いつどこで人に会って話をしても自慢になる。演奏にあたっては先生方が協力的だった。特に校長先生と教頭先生が」と当時を振り返っています。

　なお、卒業式は毎年寒い時期に行われていることは周知のとおりですが、暖房については、「以前は父兄のことを考えていなかったが、新しく購入したジェットヒーターで体育館を保温した」という配慮がなされています。

　「子ども達に真心を持って育てる」という一連の姿勢は、「生徒をどこま

でも温かく指導するということにより、次学年に対する波及効果があった」と当時の教頭は説明していたことは学校運営の連続性を考慮する上で注目に値すると思われます。

　なお、町議会関係者は全員出席していますが、これについて当時の議長によると、「小山校長は赴任した年の６月に、議会に学科転換のことも併せて挨拶に来たが、１回きりではなく、たびたび報告に来た。そして、ことあるごとに議員一人一人に来校の案内状と一緒に出欠確認の葉書がきた。行かないと不真面目に思われそうなので、次第に行くようになってきて卒業式では議員が100％出席するようになった」とのことであり、また、「農場で作った花の鉢をお土産としてもらうので、手ぶらでは行けなくなった」という声も聞こえてきたとのことです。

　また、当時の町長によれば、驚くことに「従来中学校の卒業式に対しては、激励のために行っていた。高校については小山校長以降に、年度末で重要な３月の定例議会を休会して行くようになったため、議員全員が出席するようになった」とのことです。また、同町長によれば、議員が次のように話しているのを聞いたといいます。「高校が変われば中学校も変わる。中学校が変われば小学校も変わる」と。

　同町の教育長も「卒業式に限らず、どの式も挨拶、案内等の来賓への対応が行き届いていた。それにより、皆気持ち良く帰った」し、自動車の誘導、案内、接待等はすべて生徒がやっていて、「とても印象深かった」と述べています。また、ある来賓は「式の後に来賓を集めて祝賀会をやるのがよかった」とも言っています。

　ところで、昭和62年度の卒業式は同日に３回行われました。つまり、不登校のために出席日数が不足していた生徒と、停学によってその指導を受けていたために出席日数が満たなかった生徒のためのものです。第１回目には体育館で盛大に行ったことは先に述べたとおりです。２、３回目については、教室よりも多少大きい会議室で全職員が正装した上で行われました。それも、大きく卒業式と書かれた模造紙を貼り出し、全てのテーブルには白布がかけられてあり、生花も用意されての厳かなものでした。『君

が代』斉唱に続いて、校長の式辞もその生徒だけのために用意されたものが述べられ、来賓祝辞の代わりに、担任からの「激励の言葉」が贈られました。それに対して生徒には「卒業生の言葉」を述べさせ、全員で校歌を歌うなど、きめ細かな心配りがなされていたことが窺えます。注28

(d)　親の仕事を見せた生徒指導

　生徒に関する問題の解決にあたり、次のような事例がありました。

　「つっぱり上級生が数人の下級生に対して、『金を貸せ』と言って脅し、数千円をまきあげた。また、『パン、ジュースを買ってこい』と言って金を払わず、さらに不要な品物（シャツ、学生服、ズボン等）を法外な値で売りつけ、悪質なのは不当な値段でバイクを押売り、利ざやを稼ぐものもあった。後難を恐れて下級生は黙って我慢し続けてそれに応じてきたが、支払い額が小遣いをはるかに上回り、どうすることもできず親に相談し発覚した事件」です注5。

　そして「被害者4人の親から猛烈な抗議があって、『加害生徒が在学する限り、うちの子は登校させない。警察にもすでに届けた。何たる学校だ、いった何をしているのだ』と怒鳴ってきた。同時に警察からも通報があり、学校全体を揺るがすような事件になった」とあります注6。そこで「この事件の処理にあたっては、極力情報収集に力を注ぎ、事実を正確に調査、加害者と被害者の関係、金の出所、本校生徒以外に関係者がいないか、かつてこのようなことがなかったか、成育歴、家庭環境、学習活動、等について警察からの情報も参考に綿密に調査」をしています注7。

　そして、「事実に基づいて本校の指導の至らなさを反省し、再びこのような不祥事を起こさない」更に「被害者の親と生徒に率直に深く詫び、今回の事件について厳正に処理し、今後迷惑をかけないことも約束して」いました注8。一方、加害者の生徒と両親については「召喚、家庭訪問等を通して、場合によっては、刑事事件、家裁送りも辞さないとの強く厳しい指導」をしていることは学校の本気度を示しています注9。

　ここで注目される点は「ここに至っては、学校の体面とか、事故を隠そ

うとする間違った教育的配慮云々は論外で、警察と連携していることも含めて全てオープンに処理していった」注10ことです。

　そして、校長室において加害者である生徒の目の前で、その父親が被害者の父親に対して、ポケットからお金を出して返すところを見せるという場面を設けています。

　具体的な指導としては、無期の停学を命じ、とにかく正常な学校生活に復帰できるまで、生活指導万般にわたって細かい計画指導が課せられました。まず、「基本的生活習慣の確立」「学習に興味をもたせる」「労働をさせる」「動物（牛、豚、にわとり等）の世話」「田畑での草取り、収穫」「清掃作業」等本人の存在感を高めながら、生きがいを持たせるようにし、家庭だけの謹慎のみならず、登校指導、職場見学等、多岐にわたって指導をしていることが特徴として挙げられます。

　ちなみに職場見学というのは、加害者の父親の職場のことであり、これは生徒に対して、「被害者にお金を返してくれた父親が、日頃どれだけ苦労して家族のために働いているのかを、一日中立って見ていなさい」という指導の一貫でありました。この日には、担任教師も一緒に職場へ同行していることも注目すべき点です。

　さらに、親の協力のもと「24時間体制で、6時起床、ランニング、食事、学習、スポーツ、読書、労働、説教、創作活動、職場実習、等による、教師と生徒の合宿生活を課し」ています。と同時に、親に対しても、「どのように子どもの生活指導をすればよいか」「親の生き方について」に至るまで、説得したり話し合いを持ちました注11。

　結果として、「生徒の心に『思いやり』『親切心』『礼儀作法』『時間を守ること』『感謝の気持ち』等が目立って感じられるようになった」ということでした注12。

(e)　合宿による生徒指導

　喫煙、飲酒、暴力行為、かつあげ、無断欠席・早退、外泊等々、挙げればきりがないほどの非行を何回も繰り返す生徒注13が無断早退をして、バ

イクの無免許・２人乗り・ノーヘル（ヘルメットを被らないこと）で運転していたところをパトカーで追いかけられて捕まったことがありました。以前にもその生徒は無期停学になったこともあったので、本人は「今回は退学処分になっても仕方無い」と思っていたとのことです。

　事実「職員会議においても『遂に腹に据えかねた。指導してもむだだ。根性が腐っている。指導の限界を越えている』として退学処分の原案が出され」注14ました。担任が校長へ頼んだこともあり、校長は、彼の人間性について「人なつっこさ」があるのを見て捨て難く、何とか立ち直らないものかとの気持ちがあったので、「本校での長期合宿指導」と「ある期間企業で働かせる―他人の飯を食う―」ことを条件として無期停学という結論を出しています注15。

　そして、その申し渡しの際には父親が泣きながら子に「お前はしっかりやらなければいけない」と説諭し、またその子も泣いたといいます。この処分について校長は、「学校教育以外での生活指導が主なので、多くの危険をはらんでおり、まかり間違えば大変なことになる。この生徒を更に悪くするようなことがあっては、その責任を問われ、失敗の責は重い。私の辞職をかけての大仕事だった」と回想していました注16。

　指導のポイントは「教師がマンツーマンで、しかも24時間の管理体制のもと共に生活」し、「教師・学校の魅力、情熱で、その生徒を崖っ縁から引き揚げ、社会への適応能力をつけてやること」注17であったといいます。

　指導の流れと内容については以下のとおりです注18。

① 家庭謹慎。生き方の指導、学習指導

② 登校謹慎。作業学習、学習指導

③ 学校での合宿指導。24時間体制、基本的生活習慣の改善、意欲、思いやり、感性、感動等の育成

④ 家庭謹慎。自己反省

⑤ 企業での泊り込み指導。労働をとおしての人間性陶冶。現場労働者とのコミュニケーションと切実な生き方を体験し、生きる価値の追求

⑥ 家庭謹慎。人生指導

⑦　登校指導。自然学習、作業学習、情操教育

⑧　社会見学・奉仕活動（福祉施設、公共施設）

⑨　登校指導。総合反省

⑩　家庭謹慎。学校に戻るための訓練

　さて、父親は出稼ぎ、母親はパートであり、家庭には日中の保護能力がないために、「家にいれば甘えてばかりいた」という生徒に対して、午前中は生徒相談室で勉強、午後は農場で作業という合宿指導が始まりました。最初の２～３泊の夕食は母親が持ってきて、朝食は担任と本人とで作り、昼食は一時帰宅の父親が学校に運んで、夜は９時に就寝、朝は６時に起床してグランドを走らせていました。この間、担任も一緒に泊まり、暴れるとはどういうことかをこんこんと諭していましたが、なかなか効果は上がりませんでした。そこで、当時の豊穀町議長の斡旋を受けて、校長はある日、日頃懇意にしていた土木会社の社長のもとに注19担任・本人・親を引き連れて行きました。社長はそこで、次のような話をしています。

　「どうぞご心配なく、うちに働きに来ている若いもん（者）の半数は、非行経験者ですよ。でもいま立派にやっています。ここの仕事はきついようですが、安住の地なんですね。（中略）私が指導するのではなく、私は彼らの話を聞いてやるだけなのです。彼らは、自助作用と言うか、自分たちで良くなっていくみたいですね。工事現場では、勝手な振る舞いは許されません。危険も多いし、場合によっては命とりにもなりかねないので、ぎりぎりの生き方を強いられながら、お互いに助け合わなければやっていけないのです。彼らは、今までのように勝手に振る舞い、秩序を無視した生き方をすることが通らないことを悟ります。限界に生きる自分に、何かを感ずるのでしょうか。そのために心の触れ合い、友情が生まれてくるのです。彼らはかつて味わったことのない真実の人間性に触れ、自分自身もそのように育ってまいります。（中略）ここで汗水流して働くのも勉強と思います。私は学校だけが人間形成の場だとは思いませんね注20。」と。

　これに対して、「親も教師も何度も頭を下げて帰って」います注21。

　実際、合宿が始まって何日か経ち、作業学習である家畜や草花の世話を

していると、「子豚は可愛い、親豚はおとなしい、中豚は向かってくる」というような観察もできるようになり、愛情、思いやりが芽生えてきたといいます。

　現場ではある日の昼休みに、車座になりながら仲間が彼に語ったという話があるので紹介しておきます注22。

　「なあお前、学校があるんだから、学校へ戻って勉強しろよ。俺達学問しないから、こんな人の嫌がるような仕事をやってるんだ。今は後悔して、あの時ちゃんとやっておけばよかったと思っているんだ。1日も早く真人間になって学校に戻れ。俺達の分まで勉強してくれよな」

　これを聞いて本人は「今まで自分のやってきた非行の数々を反省し、改めて思い直し考え込んだ」と言っています注23。

　そして、何日かが過ぎて、現場を引き揚げる日がやってきた時、その生徒は現場仲間から「もう2度と来るなよ。勉強して偉くなれよ」と声をかけられており、本人やその仲間の目に涙がにじんでいるのを校長が目にしたといいます注24。

　そしてその後、「彼の生活は一変し、（中略）模範生として卒業し」、「以前指導期間中に働いた企業と似たような会社を選び、体をはって働いて」おり、「給料日にはあの現場の仲間へお菓子を差し入れた」とのことです注25。

　多少前後しますが、「このような生徒指導上の措置はなにも新しいことではなく」、「当初は山につれていこうかとも思った」と当時の担任は話しています。そして、クラスに対して「（在籍が10人なので）1人居なくなれば1桁（9人）になる」「何かしなくちゃだめだな」「どのようにしたならばいいのか」と働きかけていたことにより、生徒達は「○○（生徒の名）が良くなるように俺達もしっかりするから」と連名で校長宛に嘆願書を提出しています。校長はこれをその生徒への指導の中でも示したり、またそのクラスのメンバーが失敗した時にも、逆にこれを使って指導することもあったそうです。

(f) 集団による指導体制の実例

　ある日、対教師暴力事件が起こりました。「従来であれば退学」という方向で考えられていたところですが、「職員数人が時間（時には1日）をかけて、徹底して反省させる」という方針で臨んだそうです。

　具体的には、事情聴取やそれに伴っての停学等の指導が行われました。その後、停学解除の前には生徒の「しっかりとやり直すという心が決まってから」会議室で生徒をコの字型に囲むように職員の机を並べ（図1参照）、「主に学年担当教員による説諭や激励の事後指導」をしています。その効果については、自己存在感を認識し、大変なことをしたという思いを持ち、その後、教師を甘く見ることがなくなったということです。

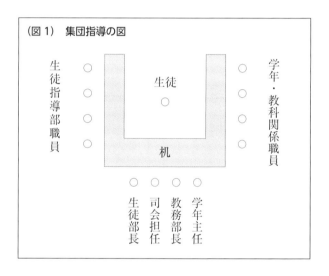

（図1）　集団指導の図

　また、停学解除については職員の朝会の際に、親子共々その先生の前に膝をついて謝らせており、その際、親子への配慮から、先生が両者の手を取って起こさせています。それは「感動的な光景であった」といいます。令和の時代では「土下座」だとして問題視されかねないことですが、当時はそのような雰囲気はなかったことを付記しておきます。

(8)　暴走族への対応

　学校に限らず、問題が発生した時にどのように対処するかということが、その後のあらゆる面について影響を及ぼすことがあります。小山校長の次の記述は興味深いものです。

　「爆音をとどろかせて校内に暴走族が侵入したことがある。授業中にもかかわらず、おもしろがって窓越しに騒ぐ生徒達。車の主は、これみよがしに手をふってグランドを1周し、悠然と立ち去っていった。（中略）職員室、農場等には10人ほどの職員が居たが、『またか』と嫌な顔をし、窓越しに眺めるだけで、あわてる風もなかった。その様子をみて、職員の『やる気のなさ』や『挫折感』を読み取った」とあります。注1

　そして、以下の指示を出しています。

・模造紙いっぱいに警察関係の電話番号を書き、職員室、事務室、農場職員室に張り出すこと
・不法侵入の暴走族に対しては、直ちに警察へ連絡すること
・授業中、生徒が奇声を上げることのないように、静かに平常どおり授業を続けること
・授業の空いている教職員は全員、暴走の車両をとりかこみ、車番をひかえると同時に、即刻退去を命じること
・もし暴走族が反抗したり、暴力をふるうような場合は、全員で断固闘え、そして、警察に引き渡せ、決して負けるな注2。

　これに対して職員の反応は「今までの鬱憤もあってか、『断固闘う』指示に喜んでいたものもいた。かつては、このような事件があっても、ただ穏便にとか、教育的良心で対応するという言葉ばかりを聞かされ、積もり積もった『うらみ』のようなものをもっていたものもあったので、大半のものは、『よし』という意気込みと、来たるべき時の重大さに緊張していた」と振り返っています注3。

　これと前後して地区の警察官には「パトカーで時々校内に入ってもらい、そしてお茶の接待をする。また『無用の立ち入りを禁ず』と校長名で校門に掲示する。これによって、不法侵入の適用が可能になる」とのことです。

そして「その後、1週間して、ついに来たるべき時が来た。職員はかね
ての指示どおり計画的に行動していった。暴走族は多数の職員のすさまじ
い形相と態度に今までと異なる雰囲気に驚き、あわててスピードを上げて
逃げていったが、パトカーが間もなく到着し、その車を追跡してとうとう
逮捕に至った。（中略）不思議なことにその後2年にもなるが、ただの1
度も不法侵入はない」注4ということです。

　また、別の教員によると、「不審な車が入って来た時は全職員で出る」
ことになっており、実際に来た時には「用事があるならば事務室へ、この
ままでは不法侵入だよ」と伝えていました。それに対して彼らは「そのよ
うに話されれば分る」と言ったそうです。しかし、若い教員では喧嘩腰に
なりやすいようだったとも言っています。そして、中退した子が来ること
もあるので、その場合にはかつて教えた教員が前面に出て、その後に若い
教員が出るようにしたという、きめの細かい配慮もしていました。そして
このことについて校長は「教員の連帯感、信頼感が大切。共通意識こそす
ぐ力になれる条件」とも話しています。また、「校内巡回には教員は必ず
2人で行動することにしている。それは何かあった場合に1人が連絡に行
けるからである」とのことです。

(h)　業務員の職員会議参加

　多くの学校における職員会議の構成としては、校長、教頭、事務長、教
員というのが通常行われている形ですが、小山校長は「生徒指導や成績関
係以外」の議題の際には技師を参加させています。この際、校長は庁務や
農場の技師を先生方に対して、「縁の下の力持ち」と紹介していることに
も着目しておきたいところです。

　このことについてある技師は、「業務員も先生方と同じ職員だから出席
するように」と言われ、「『私らも一流の職員にされたかな』という気持ち
になった」注29と言っています。また別の職員は「最初は戸惑いもあったが、
自分の仕事をしっかりやっていれば、同じ人間なのだという気持ちを持っ
て臨んだ。最初はおどおどしていたが、会議は生徒のことについて良いこ

とを話せる雰囲気を持っていた」と言っていました。

　それにより、「同じ職員でも現業職だから生徒のことには関係がない、という雰囲気があれば（中略）知っていても言おうとは思わなくなるが、生徒に関することを先生方に言うと、小さいことでも取り上げてくれた」とか「生徒に不手際があった時でも取り入れてもらった」り、小山校長については「職員の面倒見がよく、学校のためのものなら願い事は何でも聞いてくれた」注30と振り返っていました。

　更に、「よく生徒から挨拶をされるようになった」り、また、「ゴミを運んでいると生徒が黙って手伝ってくれるようにもなった」と言っています。

　その結果、多くの職員が自分の仕事に自信を持ったし、何をやっていてもやり甲斐があったとのことです。

　小山校長の思い出としては、「仕事をしていると、窓を開けて『御苦労さん』としょっちゅう言ってくれた。そのように言われるとやりたくない仕事もやりたくなってしまう」また、「暑い日グランドで働いていると、校長室から『ちょっと来なさい』と言われるので行ってみると、机からタオルを出して『御苦労様。暑いから大変だな』と言われ、『あら、あり難い』と受け取り、何とも言えず涙ぐんだこともあった。今までそういったことがなかったので、懐かしいことだった」し、「暑くても楽しかった」と涙を浮かべながら当時のことの話をしてくれた職員もいました。

　なお、この学校には巡視制度があり、巡視さんが夜の学校を警備していますが、ある巡視さんは「仕事は夜だけでいいのに『何か手伝いたい』と思い、日中も学校に行っていた」注31との話があります。

(i)　地域の中での職員のリクレーション

　以前から豊穀高校は若い教員が多いこともあって、職員によるスポーツ大会も盛んでした。

　昭和61年前後のことを、ある職員は次のように話しています。

　「バレーボールはユニフォームを揃えて、年に3回ほど催される町の大会等に出場してすべて優勝していた。バスケットボールはかなり以前から

やっており、数年来勝ってきている。生徒の部活動終了後から夜6時半〜8時頃まで練習をしていた。職員の中には弁当の注文係もいた。試合があった翌日には職員の朝会でそのことを連絡する雰囲気があった」そうです。また「試合の抽選の際には、『豊穀高校は強い』と町の人には言われていた」ようでした。

　また、職員が「部落会での講師をかって出たり、バレー大会のコーチをやった」ということもあったそうです。

　職員の意識としては、「地域のレクリエーション大会に先生方が出るようになって、今も続いているが、出っぺ出っぺ（出よう出よう）という雰囲気で参加していた。地域の人とのつながりは小山校長以降ずっとあるような気がする。（実際には）地域の人がそんなには学校に来てはいないのだろうけど、しょっちゅう来ているような感じがする」という印象を持っているようでした。

(j)　教員のための休養室の設置

　小山校長は教員のための休養室を新設しています。しかし、校舎のスペースには限りがありますので、職員室の隣の印刷室の中にあった印刷機材を隣の資料室に移動し、それによって空いたスペース（印象では4畳半もない）に絨毯を敷き、小さなソファとテレビを置いたものでした。

　ここは廊下側からドアを開けても、目前の衝立により生徒の視界からは遮られた場所に設けられています。

　この休養室について、ある教員は「校長は先生方が疲れることもあることを知っていた。職員に対する思いやりやいたわりだ」と言っていたことから、教員達もこの配慮を喜んでいたことがわかります。

注1　武山清彦著『非行と闘うーやる気を育てる心の教育ー』ぎょうせい1990 p 57
注2　前掲書　p 58〜59
注3　前掲書　p 59
注4　前掲書　p 60
注5　前掲書　p 62
注6　前掲書　p 63

注 7　　前掲書　　p 64
注 8　　同上
注 9　　同上
注10　　前掲書 p 65
注11　　前掲書　　p 65〜66
注12　　前掲書 p 66
注13　　前掲書 p 105
注14　　同上
注15　　前掲書　p 106、108
注16　　前掲書　　p 108〜109
注17　　前掲書　　p 110
注18　　前掲書　　p 110〜111
注19　　前掲書　　p 112
注20　　前掲書　　p 112〜113
注21　　前掲書　　p 114
注22　　前掲書　　p 115〜116
注23　　前掲書　　p 116
注24　　前掲書　　p 117〜118
注25　　前掲書　　p 118
注26　　町長、議会議長、教育長、町議会議員全員、区長、ＰＴＡ関係者、警察関係者、学校
　　　　関係での協力者、周辺中学校長、等々
注27　　『昭和62、63年度高等学校生徒指導研究推進校研究成果中間報告　昭和62年度　資料
　　　　編』　宮城県豊穣高等学校　昭和63年 3 月 8 日　p 39。小山校長によれば「生徒数が
　　　　少ない時にできる最善のことを考えた」とのことである。
注28　　前掲書 p 39
注29　　「先生方は大学出だから」ということを言っていた背景も考慮すべきである。
注30　　豊穣高校職員の証言。「従来は10のうち取り上げられるのは 3 〜 4 だが、小山校長は
　　　　 9 分どおり取り上げてくれた」とも付け加えている。
注31　　「殆ど365日来たのではないか」とも言っていた。

⑵　地域社会との連携

⒜　町議会関係者の印象

　小山校長が豊穣町議会に昭和61年 6 月23日に出向いたことは先に触れた
とおりでありますが、このことについて、当時の議長は次のように話して
います。

　「小山校長は『地域に開かれた高校を目指すことで挽回するしかない』
という話をしたが、控え室である議員から『あんたもうひどいんだよ。廃

校以外にない。あんたできるのか？』と言われ、『絶対やってみせます』と答えていた」そうであり、「熱心な教員が来たが、果たしてどこまでやれるか・・・、と思った」と。

　また、別の議員は「『学校改革をやるから協力お願いします』と言われ様子を見ていると、次第に生徒の態度が変わってきた。一所懸命にやるので、地域でも応援してやらなければいけない、という感じになってきた。偉大な校長。熱意があればあたりもついてくる。学科転換よりもその努力によるところが大きい。生徒が良くなれば、親は通わせたいという気持ちになってくる」とも言っています。

　町が県立である高校を援助するということについて、現在（調査時点）の議長は「町に高校があるということは、地域の知的レベルが上がることにつながる。歴代議長としても惜しみなく協力してきたし、これからもそうしていきたい」とした上で、「校名から『農業』がとれて寂しいが、時代の流れなので仕方がない」注1と受け止めています。

　さて、豊穀高校は町議会で協力を求めた4日後の6月27日に議員を学校に招いていました。

　その日を迎えるにあたり、ある職員は「子どもには自分達のいい面を見てもらいなさいという観点から、服装・言葉遣い・態度についても指導できた。職員も子どもの範になれるように行こう、という路線が1本になって」よかったと言っています。

　さて、実際に議員が来校して、「農業科の在籍が7人しかいないことに驚いて」おり、それは「現状を知らない程に地域と学校が遊離していたからだ」と、当時の八重樫教頭は話しています。

　議員達は帰りの際に、「おめみでに（あなたのように）一所懸命やるならば、何んでもきぐがらな（聞きますよ）」とか「小山校長はおっかねぐね（怖くない）人だ」と言いながら「農場のとうきびを貰って、皆気持ち良く帰った」とのことです。

　当時の教頭はこれらのことについて、次のように言っています。「父兄は自らの子のことを地域でも話したがらないので、ますます子の存在感が

なくなる方向にはたらく。議員に学校見学に来てもらうことによって、『地域社会の人が我々を見ていてくれる』という存在意識を植えつけるという効果があった」と。

(b)　豊穀高校の教育を語る会について

　昭和61年7月4日に「豊穀高校の教育を語る会」が豊穀高校において催されています。これには次の案内文書が発出されています。注2

　　　　　　　　　　　殿　　　　　　　昭和61年6月24日

　　　　　　　　　　　　　　　　宮城県豊穀高等学校
　　　　　　　　　　　　　　　　校長　　　　○　○　○　○
　　　　　　　　　　　　　　　　宮城県豊穀高等学校
　　　　　　　　　　　　　　　　教育振興会長　○　○　○　○

　　　　豊穀高等学校の教育を語る会について（ご案内）

　梅雨の季節を迎え、益々ご健勝のこととお慶び申し上げます。
　本校の運営につきましては、常々並々ならぬご尽力を賜り厚く御礼申しあげます。
　さて、この度、標記の件について下記の通り開催することになりました。
　ご承知のごとく、本校は、生徒数の減少や農業科を取り巻く現状など様々な問題を抱え、深刻な事態に直面にております。よりよい学校づくりを目指し学校をあげて努力してはおりますが、これを機会に、さらに町の有識者、並びに本校関係者の方々で忌憚のないご意見を賜り、ご援助・ご協力を得たいものと念願する次第であります。
　つきましては、諸事ご多忙のところ誠に恐縮ではございますが、ご出席下さいますようお願い方々ご案内申し上げます。

　　　　　　　　　　　　　　記

　1、日　時　　昭和61年7月4日（金）　　　14時～16時
　2、場　所　　宮城県豊穀高等学校　　　　　会議室
　3、日　程　　⑴　開会の辞　　　　　　　　14時　　～14時10分
　　　　　　　　⑵　挨　　拶　　　　　　　　14時10分～14時40分
　　　　　　　　　　　1教育振興会長
　　　　　　　　　　　2学校長
　　　　　　　　⑶　本校の教育について　　　14時40分～15時50分
　　　　　　　　　　　1生徒意見発表（2名）
　　　　　　　　　　　2話題提供　　（3名）
　　　　　　　　⑷　閉会の辞　　　　　　　　15時50分～16時

出席者は次のような構成でした。注3

	昭和61年7月4日 （第1回）	昭和62年○月○日 （日付不明） （第2回）
宮城県議会議員	1名	
豊穀町町長	1名	1名
豊穀町議会議員	1名	19名
豊穀町教育長	1名	1名
豊穀町教育委員	1名	4名
豊穀中学校長	1名	1名
豊穀町公民館		2名
豊穀町農協会長	3名	1名
豊穀町婦人会長	1名	1名
豊穀町青年会長	1名	
豊穀町商工会長	1名	1名
郡内企業代		1名
行政区長	17名	14名
豊穀高校教育振興会役員	13名	6名
豊穀高校同窓会		2名
豊穀高校父母教師会		7名
豊穀高校教職員	32名	32名
以上	74名	以上　93名

　これについて、ある職員は次のように当時の模様を述べています。「昔はやっていなかったが、うちの学校が周りで言われているほど悪い学校ではない、ということをわかってもらうために開催した。学校をきれいにして、職員は謙虚に一言も意見を言わずに聞いたが、参加者からは『先生方がやる気ないからだ』と言わんばかりの発言であった」といいます。

　当日の場所は教室二つ分の広さのある会議室で行われましたが、この会場を作るにあたっては、テーブルには白布を一面に敷き、花を置くほどの

心配りを見せています。ちなみに、「会場にはゴミ一つ落ちていなかった」そうです。

　豊穀高校教育振興会会長は、「会が終わる時に、『職員一同起立。礼。町の方々がこれだけ学校のことを心配して来てくれた。これを忘れないでやるように』という校長の言葉が印象的」であったと言います。

(c)　県議会議員の来校

　8月11日には、県議会の文教警察委員が学科転換に関する所轄事項の調査のために12〜13人来校しています。そして、学校をきれいにした上で、生徒と職員が出迎えました。この時、職員全員が最敬礼をしましたが、普段このようなことをする機会がないので侮辱と感じた職員もいたようでした。

　接待については5分後にはお茶、20分後にはケーキとコーヒーというように、きめ細かいマニュアルが渡されていました。また、座席については、各人の名札をテーブルの上に並べており、手厚くもてなしたということです。

(d)　開放講座について

　このことについては非常に多くの方々からの話を聞くことができました。

　開放講座開設の経緯については、『豊穀高校二十年史』によると、「昭和60年12月、第4代父母教師会会長で当時豊穀町議会事務局長であった佐々木氏が来校され、『町議会での要請を受け、豊穀高校でコンピュータについての講座を町民に開催してもらえないだろうか』との相談を受けたことが本校の開放講座のきっかけであった」注4といいます。具体的には、始めは高校の岸先生と豊穀町の三上教育長で話し合っており、その後、職員会議の議題に載せたとのことでした。

　この話が出た時に職員は、初年度は「何でやんねけねーの（どうしてやらなければならないの）」という気持ちと、「やってみよう」という意識があった。しかし、大変だなという感じはしたといいます。実際の開設にあ

たっては、「宮城県主催の『みやぎ県民大学』における高等学校・専門施設開放講座に組み入れていただき、県の予算と豊穀町の予算とで実施したのが『地域に活かすコンピュータ第1回ふるさとパソコン教室』」であったようです注5。

　ある職員は、「当時の高校の開放講座数は県でも12～13件しか実施されておらず、全国的にも珍しい」といいます。昭和49年に1度だけ豊穀高校は農業経営と園芸の講座を開講していました。その後一旦途絶えましたが、小山校長による再開後、昭和61年以降調査時点（平成2年）に至るまで、開放講座は継続されています。豊穀高校は宮城県におけるこの分野での先駆的な役割を果たしていることは注目に値します。

　さて、開放講座を行うにあたって、八重樫教頭が「6月に周辺町の教育委員会に、広報に載せてもらうために開放講座を紹介しに行った。素晴らしい教員と機材があることをアピールした。ところが、学校の存在が忘れられているため、『あっ、そういう学校があったんですね』と言われることがあった」と言っています。

　内容としては、「夏休みに二つの講座をやっている。一つは必ずコンピュータ、もう一つは年によって異なる。例えば、スポーツ教室、日本文学、園芸関係、英会話等々」でした。

　さて、実際には、「ある年には『日本文学を楽しもう』と題して4日間を4人の教員持ち回りで開講した。初日に小学校校長や幼稚園教諭など、いわゆる専門性の高い人が集まったので、一緒に聞いていた2日目以降の担当者がうかうかできないと思い、講座の途中から職員室へ急いで戻り、翌日以降の講義の準備にかかった」ということもありました。

　暑い夏の夕方に開放講座は行われていますが、「農場の先生が、虫が入るからと網戸を作ってくれた」ということや、「コーヒーや水を出した。6時～8時までの予定がどうしても8時半になってしまった」ということもあったようでした。また、開放講座に出ていない職員は、同時に地区PTAに出ていたようです。

　いざ終わってみて職員の感想としては、「成功だった。1日が終わると

反省会をしたので、帰る時間は10時や11時になることもあった」という声もある反面、「2週間という期間なので、担当メンバーが若かったからできた、という部分はある。家族持ちでは夏休みに出てくるのは嫌になるのではないか」という声もありました。

また、学校全体が軌道に乗ると、苦労しなくてもいい生徒が入学して来る（優秀な志願者も受験する）ようになるので、次第に開放講座をやらなくてもいいという意識が出てきたということも聞いています。

初年の評判を聞いて、2年目には「ワープロは当町でも使っているので、おたくの開放講座にも何人か参加させましょうという申し出があったり、病院の事務職員が受講するようになってきた」ということもあったようです。

開放講座の意義について、豊穣高校の八重樫教頭は、「地域の人と職員が互いに知るということにより、互恵作用でますますいい方向にいく。口コミでいいものだと言われることの影響は大きい。豊穣高校でこういうことができるのだ、という意識を持ってもらうことは大きい。30名定員に対し53名の希望者が集まったこともある。ある学校では開放講座を止めた途端に定員割れとなったところもある」と言っています。

また、町の三上教育長は以下のように言っています。「校長先生も教頭先生も学校の役割をよく分っていただき、開放講座を続けて下さっている。生き甲斐についての要求に対し、高校の物的・人的なものを地域に開放していただくことは、町にとって非常に大きな意味を持っている。町民の学習意欲を満たすためにもあり難いこと。地域から信頼されるということは学校自体にとっても大きな意味を持つ」と。

この開放講座を当時の職員がどれだけ熱心に行っているかを示す一つの例として、豊穣町長の話があります。「従来高校の職員は『県の人間だから、町とは無縁』と町民は思っていたが、開放講座によって休みなのに御苦労様なことだ。教育長も『あまり先生方には無理をさせないように』と話していた」という配慮さえ湧き起こっていることは注目されるべきでしょう。

また、「今までないことだったので、町民の評判は良かった」という声

も聞こえています。それを裏付けるかのように、「開放講座をやったことにより、町との結びつきが強くなり、地域の人がかしこまってではなく、ひょこひょことやってくるようになった。それも『おらほの（うちの）学校』という意識で来るので、『農機具貸してけろ（貸して下さい）』とか、来てはみたものの『おら何しに来たんだっけ？』という人もいた。」という職員の話もありました。地域との距離感の縮まりようがここからも窺い知ることができます。

　参加者の声としては、『豊穣高校二十年史』には次のように残っています注6。

　「素晴らしい先生方で、10年来の偏見がとれました」

　「地元の学校でありながら余りにも認識不足でした。こういう学校なら安心して子弟を入学させたいと思う」

　「町内にこんな素晴らしい高校があることに気付かずにいた。今後はこの良さをＰＲしたい」

　「施設設備も十分整い、素晴らしい環境にあることは知らなかった」

　「学校に対してあまり良いイメージをもっていなかったが、先生方の熱意ある姿を見てこれからも伸びる学校だと思った」

　「先生方の努力とやる気にはもうびっくりしてしまった。もう5～6年遅く生まれてこの高校に入りたかったです」

　「コーヒー、麦茶、大変おいしかったです」

　などとなっていますが、これについて当時の担当職員は『豊穣高校二十年史』の中で、「ほとんどの人が本校の印象、感想を書いていたが、これを見ると、今まで中学校への学校説明、学校祭での開放と内容の展示などをしてきたことで、地域の人々に理解されていると考えていたのは全く勝手な解釈で、学校の隣の人にも学校の内容やどんな施設設備があるのかは全く知られていなかったことがわかった」、また「昭和59年文部省の東日本教育課程研究集会で、全国に本校の普通科、農業科、生活科の教育課程と組編成について発表したところ、質問が集中し、発表が終わってからも質問されるほどであった。これからの教育課程と好評を得て多くの学校か

ら参考にされた教育内容も、地域に帰れば一番悪い学校という偏見から理
解されず、効果も全く上がらなかったのもこの感想からよくわかった」そ
して、「地域に理解されるための宣伝がいかに大切であり、地域に開かれ
た学校でなければ我々の努力も空しいものであることを知らされた」と言
っていることが問題の深刻さを浮き彫りにしていると思います。注7

　最後に、開放講座を積極的に押し進めた小山校長は次のように言ってい
ます。「開放講座については高校教員の知識・頭脳を地域に還元すれば、
喜ばれないはずがない。それにより自分の研修にもなるし、生き甲斐や感
動とも出会うことができる。学校評価は付随的に上がるもの」と。

(e)　警察との連携

　暴走族の件についても警察との連携のことについては触れましたが、清
水郡には「学校警察連絡協議会（学警連）という組織があります。従来は
中身がほとんどなかったものを、小山校長により再構築したことによって、
小・中・高・警察の４人で一つの班を構成し、夏・冬休みの巡回を行うよ
うになったといいます。これにより、巡回期間中は郡内の万引き事件がな
くなったり、小・中・高の連携が強化されたということでした。また、警
察署長と小山校長が良好な関係を築いたことにより、校長が生徒を辞めさ
せることをしないで面倒を見ることが分るようになり、警察としても安心
して情報を提供してくれたといいます。

　なお、上記のことと、後に触れる「豊穀町の美化」に関して、校長は警
察から感謝状をもらい、表彰されています。これに対して豊穀町では広報
でも取り上げるなどして大々的に広報しており、これにより、町民には「す
ごいな」とか「本当に変える気があるんだな」という印象を強くすること
に影響したようです。

(f)　感謝状の贈呈

　校長が表彰されたように、学校においても多くの人を表彰しています。
たとえば、ＰＴＡ会長や、各種の寄付をしてくれた人など、学校のために

尽くした人は全校の前で誉め讃えていました。表彰の場としては、全校集会や卒業式、入学式など、必ず全校生徒のいるところで行っています。

　ある職員はこれについて、「生徒にとっては『地域の人がこれだけ気にかけてくれているので、俺達も一所懸命にやんねきゃ（やらなければならない）』と存在感を持つようになり、また表彰される人にとっても嬉しい、ということがある」と言っています。

⒢　町農協と協力しての文化祭

　従来までは、町の農協祭と豊穀高校の文化祭はほぼ同じ時期にそれぞれ2日間行われていましたが、日時は別でした。これを両者で調整し1日だけ重なって行うようにしています。これによって、町民にとっては1日で両方を見ることができるようになりました。また、その日には高校の職員が生徒と共に農協に出かけて、コンピュータの実演を披露しています。そのことは新聞に「パソコンコーナーが大人気」と取り上げられています注8。

⒣　花によるボランティア活動

　あるクラスが、花を役場隣の農業改善センター前に植えたことがありました。その評判がよかったのでしょう。昭和61年の6〜7月の職員の学年部会において、花を植えようという話が出ました。当時は1年生は秋、2年生は6月、3年生は7月始めで定着していました。全校が一緒に行わないのは器具の数の都合であったようです。現在は町から学校への協力依頼もあり、「フラワークリーン作戦」の一環として実施されています。なお、正月には、役場に頼まれて、職員が松飾りも作っていました。

　また、「フラワークリーン作戦」の中では学校から役場までの約1.5kmの国道を、「ゆとりの時間」を利用して空き缶やゴミなどを拾うことも行っていました。これにはボランティアの意義についての事前指導が必要でありましたし、また、綿密な打合せをすることにより、町長や教育長からねぎらいの言葉を貰う場面を設定することや、報道機関に取り上げてもらうことも生徒の存在感を高めるための手段の一つであったといいます。

(i) 募集について

　豊穀高校が深刻な定員割れとなっていることについては、度々触れてきたとおりです。分校時代には生徒募集のために生徒や職員が中3生のいる一軒一軒を訪ねて歩いたということも述べてきました。昭和61年には生徒募集について、別の方法が考えられました。

　10月半ばに各中学校の進路指導主任又は学年主任を招待し、学校の案内をしています。

　またその際に、郡内各中学校に配る「学校案内」のパンフレットを、従来は「白黒で文字がいっぱいのものであったが、美術教員等の職員による手作りでこれをカラーにしてイメージを良くし、写真等も入れることによって見やすく」作り変えました。

　そして、パンフレットの費用はかかりましたが、郡内の中3生の人数分（2,000部）を作り、過去に生徒を受験させた中学校（ほぼ10校）にはすべて回って手渡ししています。

　なお、これまでの実践の成果もあってか、かつては学校紹介に呼ばれたことのない中学校からも説明依頼を受けたこともあったといいます。

　実際に中学校に学校紹介のために出向いた当時の八重樫教頭によると、「学校はきれいで、素晴らしい教員と設備があることをアピールした。中3生はパンフレットを食い入るように見ていたが、表立った反応はなかった」ということでした。しかし、それを聞いていた生徒が近所の豊穀高校の職員に、「簡潔で面白く、飽きないで聞くことができた」と話していることからも、教頭の話し方は印象に残るものだったことが窺えます。事実、同席していた近隣中学校の教諭は「豊穀高校のときの学校紹介の際、生徒の反応は『本当に行きたい』という態度であった」と言っています。

　高校紹介が成功だったことは、入学後に「あの高校紹介で息子が豊穀高校に決めたと言っていました」という母親がいたということから窺えます。

　豊穀高校は、中 3 生を高校に招いて「一日体験入学」ということをも行い、そこにおいても学校の良いところを紹介しています。記録には昭和62年の 9 月30日に行われたと残っています。

　当時、美郷中学校の鈴木教諭は、あまり気が進まない生徒が「なんで行かねけねの（行かなければならないの）」というので、「高校とはどういうものであるかを学ぶための機会」であるといって引率し見学させており、その際に「小山校長自ら陣頭に立って『変えていきたい』と言っていたので、この頃から中学校の職員の意識が『進路指導を変えなければならない』というようになってきた」と言っています。また栄輝中学校の篠原教諭は、「学校がバスを出してくれたので印象が良くなった」とも言っていました。

　更に豊穀高校は12月の寒い中、購入したばかりのバスで中学校と高校との間を送迎して、受験生の両親のために学校訪問を開催しています。このことについて、当時の教育長は父兄から聞いた話として、「豊穀高校の前にもある高校に行ったが、校長・教頭が顔を出すわけでもなく、『何しに来たと言わんばかりの対応』であったが、豊穀高校では、会議室に通され長机には白布が掛けられており、熱いコーヒーが出され、とても応対が行き届いていた」と話しています。それについて、美郷中学校の浜田教諭は、「秋に郡内全部の高校を父兄と一緒に見てきた。豊穀高校は『荒れている、農業高校、ろくな者が行かない』といわれていたが、実際に行ってみると学校の明るさを感じた」と言っています。

　ちなみに豊穀町の三上教育長は、「あるタクシーの運転手が『わが子は是非豊穀高校に入れたい』と言っていた」とも話しています。

注 1 　豊穀町町議会議長の言。豊穀高校二十周年記念式典の際の話による。
注 2 　『昭和62、63年度高等学校生徒指導研究推進校研究成果中間報告　昭和62年度資料編』
　　　　宮城県豊穀高等学校　1988年　p 93
注 3 　前掲書　p 94
注 4 　『豊穀高校二十年史』　p 34
注 5 　同上
注 6 　同上
注 7 　同上
注 8 　『昭和62、63年度高等学校生徒指導研究推進校研究成果中間報告　昭和62年度資料編』

宮城県豊穀高等学校　1988年　p114

⑶　学校諸団体との連携

⒜　あるＰＴＡ総会の開催

　今までの経緯と同じ様な観点から、ＰＴＡの総会についても、とにかく学校に来てもらう。そして、来てもらったならばいいものを披露するということが行われています。具体的には、中身を工夫して吹奏楽部の生徒によるアトラクションの場を設けることや、意見発表の優秀者に発表の機会を与えていました。

　また、午前中は授業参観をして、午後には総会・懇談会を持ち、さらに年によっては、校長講話や高校女子バレーボールで日本一になった監督を招いての講演会も当日行われています。

　当初このやり方に対して保護者にはお手並み拝見という意識があったようです。これについて職員の反応は、「評判が良かったし人数も集まったし２年目には更に浸透してきたのでもっと良くなった」といいます。また、ある生徒の母親は、「初対面の時から身近な感じがして、講演は長くても飽きがこなく、参加者も多かった」ということでした。

　調査当時には、日程的に昼をはさむことになるので、そろそろ見直してもいい時期にきているのではないかという職員の声もありました。

　ある中学校の職員は、ＰＴＡの総会で小山校長が講演を行ったことを取りあげ、豊穀高校の努力ぶりを語っていることも事実です。

　さて、ＰＴＡ総会では親が学校に足を運ぶのですが、逆に職員が足を運ぶ「地区ＰＴＡ」ということも行っています（職員が分担して開放講座と同時に行われることは既に触れました）。これは、夏に生徒の住所を全体で４～５の地区に分けて、懇親を兼ねて６～７時頃に開催しています。家族的な雰囲気で互いの本音を聞き、それにきちんと答える場を設けることにより、今のところは評判が良く、学校のアピールにもなっているといいます。また、その際には小山校長も出席し、講演を行っています。

　これらのことを裏付けるように、美郷中学校の職員は、「豊穀高校は地域懇談会を随時行っている」ということを話していました。

(b)　同窓会との連携

　同窓会はかつて8年間総会を持っていなかったといいます。それは（第Ⅱ期の様相によって）「誇りが持てなかったからだ」とある職員は説明していました。また、その背景には昭和58年の校名変更の際に相談がなかったからということもあるようでした。

　それを踏まえたのかは定かではありませんが、昭和61年7月28日に同窓会の役員会を、翌8月10日には総会を開き、小山校長は学科転換について説明し、協力を求めています。

　それ以後、同窓会も活動が活発になり、地区ごとによる支部が発足しており、他地域の支部もできつつあるといいます。

(c)　振興会の存在

　すでに触れましたが、町長が会長となって豊穀高校の教育を振興するという組織があります。これは（独立以前に）生徒が1人だった時、町が一丸となって作ったものでした。

　豊穀高校の置かれている地理的な状況は既に述べたとおりですが、交通の便が悪いこともネックになって生徒が離れていったという経緯もかつてはありました。各種の遠征の際でも問題になるのは交通手段のことでした。小山校長の働き掛けにより、町ではマイクロバスを高校に寄贈しています。また、豊穀高校は平成2年には創立（独立）二十周年を迎えていますが、町は式典に関する費用として100万円を支出しています。

(d)　部活動後援会の設置

　他の学校でも行っているところも多いと思いますが、部活動を振興するという趣旨から、同窓会やPTAにも働き掛けて部活動後援会を設けています。これは、1口1,000円での加入を募り、それによって部旗を買い、

生徒へ存在感を与えるというためであることを聞きました。

(e) 連絡協議会の活用

　校内へ侵入した暴走族への対応として、警察との連携を図ったことは既に述べたとおりですが、学校と警察とで合同の新年会を行っていました。「おまわりさんとの付き合いは大事にしている」という教員の言葉がそれを表しています。そして（従来であれば、教員が情報収集のために）生徒の交通違反把握については警察に行かなければ分らないものでしたが、生徒は教員が警察に行くことが分かっているので、違反したときには自己申告をするようになったといいます。

　昭和61年度には学校警察連絡協議会は７月、12月、２月の３回行われています。７月の内容としては、次のとおりです注1。

第１回研修会

　　１　期日　　　　昭和61年７月１日（火）　14時〜

　　２　場所　　　　管内警察署　３階会議室

　　３　内容　　　⑴　開会の挨拶

　　　　　　　　　⑵　警察署長の挨拶

　　　　　　　　　⑶　協議　　（事前報告、予算決算の承認、予算の承認）

　　　　　　　　　⑷　講話　　（前年度の非行の件数と問題傾向）

　　　　　　　　　⑸　情報交換

　　　　　　　　　⑹　閉会の辞

　最近、生徒が礼儀が正しくなったとか真面目、素直、誇りがあると言われています。問題行動については、以前とは内容が違い、ほとんどが交通関係で自己申告であり、申告がなくても地域の人が学校に電話で知らせるということとも、学警連の内容と関連があるのかもしれません。

(f) 学校との連携

　自動車免許取得にあたり、豊穀高校では自動車学校との連携の上で、学科試験合格のための模擬試験を行っていました。その結果、平成２年には

既に6名の満点者が出て（従来はなかった）、自動車学校と豊穀高校校長の連名で全校生徒の前で表彰しています。

　また、豊穀高校は職員も自動車学校によく顔を出していたので、高校への評価は高く、「マナーアップ」で警察から表彰も受けているとのことでした。

(4)　家庭との関わり

(a)　小山校長の講演

　前述の様々な場面において、学校職員が地域との関係を持つことに触れてきましたが、小山校長は、社会教育主事の経験者であり、地域への働き掛けがうまかったという評判があります。また、次の勤務先に異動してからも、清水郡関係の町に招待されて講演を行っており、その話には定評があったようです。

　小山校長は、赴任した最初の年の4月から12月までの間に24回の講演会をこなしていますが注2、これは単純計算しても大体11日に1回は行っていることになります。小山校長は隣町の教育委員会にも足を運んでおり、いい学校になったのだということを説明していたともいいます。

　ある父親によると、「あの校長がいるから子どもを入れる」という声もあったそうでした。

(b)　家庭訪問の実施

　昭和62年度から、「2、3年生には三者面談、1年生には家庭訪問が行われており、夏休みにかけて全員に対して」実施され、この形は「翌年に確立した」といいます。

　この実施について、『昭和62、63年度高等学校生徒指導研究推進研究成果中間報告　資料編』によると次のようにあります。

＜実施のねらい＞

　新入生の家庭環境を理解することにより、学校と家庭の連携を図る。

＜具体的展開＞

- 新入生の全家庭に対し、訪問日程を連絡する。
- 学年団の教職員で分担し、家庭訪問する。
- 家庭訪問後報告書を作成する。
- 全教職員に対し問題のある家庭について理解を促す。

＜結果＞

- 家庭環境を理解することにより、生徒指導面で個々に応じた対応ができるようになった。

＜今後の課題＞

- 家庭の意識調査

家庭訪問を行ったある職員は「調査書を見ても分からないことがあるが、実際に家や部屋を見ると、何か感じることがあるはず」といい、「行けば家でしか話せないことも子は話してくれる。腹を割って話せるという利点があり、個々の特徴に応じた指導ができる」と言っています。

(c) 『親子の分水嶺』

豊穀高校のある職員が書いた『親子の分水嶺』注3という小説を、豊穀高校では昭和61年のＰＴＡ総会の際に配付しています。その１年後、ある母親から学校に寄せられた次のような手紙によりその反響が窺われます注4。

「（前略）『親子の分水嶺』を読ませて頂き、本当に心打たれる物を感じました。そこで自分だけ読むのがもったいなく思い、部落の皆さんにも回し読みをしてもらいました。（中略）これもみな、家庭教育の甘さから来るものと思います。これを機会に子ども達と話し合う時間を多く持ち、次の世代に向かう子ども達にいくらかでも、良き指導者として努力をして行きたいと思います。（後略）」

『親子の分水嶺』の内容は、２人の幼なじみの女の子が万引きをしてしまいます。しかし、それぞれの親の対応の違い、日常の関わり方等によって、彼女達の将来の幸不幸がそれぞれ違ってくるということを題材としたものです。

(d)　親を含めた生徒指導

　小山校長による「親子による」指導の方法をここで取り上げることにします。

　小山校長は、生徒の状況によって、叱り方や指導の仕方が違うと言われていましたが、ここではそのうちから二つの実例を紹介したいと思います。

①　喫煙した生徒に対する指導

　これは、タバコを吸った生徒に対する特別指導の際の校長室でのことです。

　小山校長はあらかじめ担任や顧問には「あなた達のことも叱るぞ」と告げています。そして、申し渡しの際には親子の前で「バカモノー！お前達何指導しているんだ！」と大声で叱っています。この時、あらかじめ叱られることは分かっていても、実際の校長の声の大きさと迫力とによって、本当に指導が至らなかったという気持ちになり、涙が出てきたといい、土下座してしまったとのことです。親も一緒に土下座したのですが、子は茫然と立って涙を流すだけだったといいます。そこで、担任達は生徒に、校長と親に謝らせています注5。

②　金銭強要の生徒に対する指導

　ある成績不振の生徒が、別の生徒に対して金銭強要をした事件がありました。金額は138円でしたが、双方の親の立会いのもとでこれを返させています。また、担任や部活動の顧問も一諸に立ち会っています。ここでは、次のようなやりとりがありました。

　生徒がお金を返してから、加害者の親が相手の親に「すみませんでした」と謝っています。その後、小山校長は加害者の生徒に、「あんたが取った金は、被害者の親がどういう気持ちで稼いだものか分かるか？」と諭しています。これによって生徒には、「大変なことをしてしまった」という意識が植えつけられるといいます。さらに、生徒に対しては、「お前のお父さんは仕事を終わって、学校まで来てくれるなんていい親じゃ

ないか」と言い、親には「お父さん、あんたの子どもさんが人に迷惑かけたんですよ。あなた責任とれますか？」と言っています。親は、「取れません」としか言い様がありませんでした。そして生徒には、「お父さんにこんなに心配かけて、お前それでも平気なのか？」と言い反省を促したということがありました。

(5) 学校環境の改善

(a) 作り変えた看板

校門の入口には学校の名前を書いた大きな看板がありました。以前の看板は小さいために、赴任の際に見落として通り過ぎる職員がいるほどでしたが、存在感の象徴として新しく作り変えています。

これは、校長が事務長に調べてもらったところ、業者に発注し当時県内の高校で一番大きな13mで作ると20万円かかることがわかりました。そこで発想の転換により、夏休みに美術の先生が完成させています。

(b) 石碑の位置

かつて、「しまってあった校訓の刻まれた石碑を活かせないものかと、校門近くのロータリーにはめ込んでいます。これは父兄にとっては訴えるものがあったようだ」と当時の職員は話していました。

(c) 制服の制定

「本校生徒としての自覚を持たせる」ことと「地域へのイメージアップを図る」ことをねらいにして、制服の改定が行われています。

実際には、推進委員会を設けて業者に見本を体育館に陳列してもらい、全校生徒の投票により決定するという手順を踏んでいます。

当初、このことがどのように受け止められていたかについて、ある職員は「小山校長の発案であったが、学校に対しての危機感とそれに対する共通理解があったので、職員間では『無駄だ』という声は聞こえてこなかっ

たし、評判はよかった」といいます。

　これの反響について、当時の豊穀町議会議長は次のように言っています。「豊穀高校の志願者が増加したことは、服装で子ども達が飛びついたということもあった。よそ（他町）から来た生徒も威張って自転車に乗っていた」と。また、ある豊穀町議会議員も「制服は良いイメージで迎えられた」と言っていることからも、この取り組みは功を奏したといえるでしょう。

　中学校側の受け止め方として、美郷中学校の先生は、「制服を変えた年は得意になって（見せたくて）４～５月頃中学に遊びに来た。本人達も在校生（中学生）にも悪いイメージはないと思う」と言っていました。

(d)　カーテン、鏡、自動販売機の設置

　以前は、豊穀高校にも教室にはカーテンがあり、夏の暑い日には使われていました。しかし、第Ⅱ期の後の頃には、生徒がハンカチ代わりに手を拭いたりするのでクラスによってはボロボロだったり、カーテン自体が無いところもありました。また設置している鏡も紛失しがちだったといいます。小山校長は生徒を大事にするということで、鏡もカーテンも取り付けさせています。

　この件については、「生徒総会の時にクラスごとの取りまとめの意見として、カーテンや鏡の設置について出されているが、その場には先生は生徒会の顧問だけしかおらず、関係の先生がいなかったので、答弁は『後日答えます』と言わざるを得なく、先生方は校長に叱られた」とのことでした。これ以降には生徒総会に全職員が出るようになったといいます。

　そして、すぐに取付けて取扱いを教えたので、その後のマナーは悪くないということでした。

　また、昭和62年には生徒会館にカップラーメンの自動販売機を設置していました。

(e)　ペンキ塗りによる校舎の美化

　昭和61年度末に当初は３年生だけにやってもらうつもりだったところ、

2年生が自主的に参加の機運が見えて、校舎や体育館、渡り廊下等にペンキを塗ってきれいにする、ということが行われました。その際、生徒はあまり嫌がる雰囲気ではなかったといいます。これは、「学校がきれいになった」「学校が変わった」「良くなった」という気持ちになったからだ、とある職員は説明してくれました。

(f)　玄関に敷いた絨毯

　昭和61年の半ばに「玄関は学校の顔」という校長の考えにより、生徒用にはオレンジ、職員用には赤の絨毯を敷いていました。そして、その上を上履きで上がるかどうかは、クラスで討議させて生徒総会に諮り、結局上履きを履いたまま上がることは不可となったとのことです。

　ある職員によると、絨毯を敷く件についての職員の受け止め方は様々でしたが、全体的に初めは消極的だったようで、「1～2か月位やってみようや」という雰囲気もあったといいます。

(g)　駐車場の舗装

　豊穀高校は校舎に並行して駐車場がありましたが、「学校の顔」だとして舗装しています。白い区分線が引かれていますが、これは業者ではなく、職員が引いたものです。

(h)　花いっぱい運動

　あるクラスが行ったことがきっかけとなり、役場前に花を植えることが学校の行事となったことは、先にも触れたとおりです。これにより、昭和62年には豊穀町から「豊穀町フラワー作戦」の協賛機関としての依頼が豊穀高校に来ています注6。

　これは学校で育苗したサルビア、マリーゴールド、ペチュニアを、町の婦人会、老人クラブ、生徒達で国道沿いに植えたもので、「地域に開かれた高校」として印象づける側面があったといいます。

　また、時期はこれと同一かは分かりませんが、各教室にもマリーゴール

ド、シクラメンを置いています。これは日直が管理し、冬の日曜日などは
農場へ（たぶん温室か）持っていったクラスもあったといいます。

(i)　自宅と思って使う施設

　この頃豊穀高校としては、生徒に対し「学校は病院でもなく、収容施設
でもない、自宅だと思って大切に使いなさい」という指導を心掛けていま
す。特に、玄関とか便所にポイントを置いて清掃をしています。これは教
育の原点に戻そうという考えに基づいているとのことでした。

(j)　空間の利用

　かつて豊穀高校は1学年に4クラスを持つ学校であったことは既に述べ
たとおりです。調査当時は普通科2クラスと産業技術科1クラスになって
おり、使用していない昇降口の区画がありました。小山校長はここに生徒
の憩いの場、簡単な集会の場、部活動におけるミーティング等に使用でき
る空間を作ろうと提案しています。これについて、その名前、空間の利用
についてのイラストを全校に募集していました。

　各クラス1〜2名からなる委員会を組織し、昭和62年度には絨毯が敷か
れ、ベンチやテーブルが置かれ「グリーンホール」として完成させていま
す。これについて当時の職員は「他校にはないものが生徒のプライドにつ
ながる」と説明していました。

　この他にも校舎と体育館との間に「あずまや」が作られています。これ
は産業技術科の生徒と職員が作ったものです。外の部活動には日陰がない
ことから、対外試合の際には弁当を食べるのに便利でした。普段は生徒が
昼休みにも利用ができる、屋内のグリーンホールに対して外の憩いの場と
なっているとのことです。

　しかし、作製の経緯としては、小山校長が産業技術科設置に伴い、「特
色を持たせるために何かを作ってはどうか」と提案したことが始まりであ
り、「当初は『家』を造ることも考えられていた」といいます。「あずまや」
作製に当たっては、農業科・産業技術科の職員が勤務を終えてから、地元

の大工のもとで勉強したということも聞きました。

(6) 校長の実践

(a) 表彰するということ

小山校長は職員に対しても、生徒に対しても良いところはどんどん表彰をしています。

職員については、長年在職した職員を学校の活性化に貢献したとして、賞状と記念品を贈っており、これで「少しは役に立ったかな、という気持ちになった」という職員の感想があったということです。

生徒に対しても「学習成績や、球技大会については以前も出されてはいたが、生徒の励みとなるようなことについて、機会を見てさらに表彰の場を持った」とのことでした。

(b) 部活動について

小山校長はいつもいずれかの部活動に顔を出していたので、「先生方が部活動でも頑張り始めたし、何とかして時間を作って部活動に出ようとするようになった」と、当時の生徒が言っていることからも、校長がいかにきめ細かく気を配っていたのかが窺われます。

(c) 生徒との会食

小山校長は赴任の年に、3年生に対して校長と生徒だけでの昼食会を行っていました。担任は、あらかじめ生徒のプロフィールを書いたメモを校長に渡しています。当日は応接室のテーブルには白布が敷かれ、生徒の名前札をそれぞれの座席のところに置き接待しています。白布を使用するということは、学校においては来賓など特別な人のために使うことを意味しています。配置は以下のようでした。

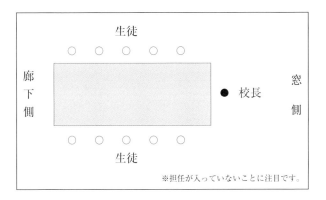

　食事の内容は、カレーライス、バナナ、ポカリスエットであったといいます。話題は趣味のこと、将来何になりたいかとか、部活動をやっている子にはフルートやバレーボールを頑張っているかとか、その生徒に見合った話題を話しており、当時の生徒によると一人一人と結構話したということです。

　当時の職員によると、「生徒は初めはドキドキで緊張しっぱなしでしたが、終えて廊下に出る頃には皆ニコニコだった」といい、その理由としては、「校長先生に認めてもらった存在感や御馳走してもらった嬉しさからだ」といいます。

　終わってからは生徒同志で、

「こういう校長先生初めてだね」

「ずっとこれからもいて欲しい」

「いつもカレーライスで校長先生可愛そうだね」

などと話し合っていたといいます。

　この経費は校長の自腹で行っており、担当の学年団の職員はこれに対してカンパをしていました。

　当時の豊穣町議会議長は、「生徒にとっては、声をかけられたこと、名前を呼ばれたこと、誉められたことが嬉しく、校長の人気が出てきた。担任を介しないでやったことも良かった」と言っています。

(d) 生徒指導の一場面　I

　当時、ある教員の話です。

　「万引きをした女子生徒がいた。校長による特別指導の際に、同行した親にはかなり厳しい口調で怒った。生徒には頭ごなしに叱った。しかし、停学解除の際には校長からの手紙をその子に送り、厚紙に貼って部屋に置いておくようにさせた。担任にとっては『校長はこれだけお前のことを心配しているんだぞ』と言うことができ、有り難かった。それは生徒にとっての存在感の確認ともなっていた。担任は校長からの手紙に対して、感想を書いた返事を書くように指導した。生徒は、『今まで小学校・中学校と先生方からこのように優しい言葉をかけてもらったことがなかった。今まで、こんなに自分のことを考えてもらったことがなかった。先生方にも迷惑をかけてしまった』と言っていた」ということがあったそうです。

(e) 生徒指導の一場面　II

　全校集会の時にざわついている生徒に向かって小山校長が、「お前の担任誰だ！？」と凄い剣幕で怒鳴ったことがありました。

　「私です！」と言って、担任が生徒の列の前に進み出たところ、「何を指導しているんだ、お前は？指導できないのだったらお前なんかいらないよ！」と言っています。その職員は今振り返っても、その時は非常に落ち込んだと言っていました。

　全校集会が終わり、その担任が職員室で他の職員から慰めや励ましの言葉をかけられている時に、校長がニコニコして入って来て、「あんたのおかげで生徒は良くなる。今度はあんたを立てるよ」と言ったとのことです。その後の集会の時に前回騒いでいた生徒が、「私のために先生怒られてごめんなさい」と謝りに来ています。後日、当時の生徒が言うには、「小山校長は、『あんないい担任はいないぞ』とよく言っていた」とのことでした。

　この件について、当時の生徒の印象によると、「自分のために先生が怒られて、先生はうんと（とても）かわいそうだった。そういうことがあれば、生徒達も自分達で直していくようになるからね。今にして思えば、他

の人にこのくらい迷惑がかかるということを教えようとしたのではなかったのかな」と言っています。

(f)　生徒指導の一場面　Ⅲ

これはある生徒の話によるもので、停学になったときの申し渡しの場面についての回想です。

「校長先生は罪に対して怒った。『校則だけでなくて憲法にも違反した』と。そこまで言われると考える。軽い気持ちでやっても、言われればグサッとくる。かあちゃんも膝付いて謝って校長室で泣いてねー。かわいそうだった」

校長は生徒の反省文を読んで、それを元にいい方向に持っていくように指導をしています。このことを当時の担任は「おめ（お前）こういういいところあるんだから、もっと活かしてみたらどうだと校長に言われた。今にして思えば、感謝している人は多いんでねのすか（多いのではないですか）」と振り返りながら語ってくれました。

(g)　校長宅での会食

この当時は職員でよく酒を飲んだといいます。校長は自らも全職員を4回くらいに分けて、校長住宅に招いています。普段、校長は単身赴任でしたが、この日には奥さんにも来てもらっています。驚くことに、この日には、単身赴任の教頭も同様に奥さんに来てもらい、2次会は教頭住宅に流れるようにしていました。教頭宅に一升瓶をキープする職員もいたそうです。

このことについてある職員は「八重樫教頭がいたからこそ校長の持ち味を活かした」と言っています。当時の職員はよく「教頭が徹底的に校長を支えた」と話していますが、これはその象徴的な事例の一つです。

(h)　職員の昼食会

生徒との昼食会の他にも校長は職員のためにも昼食会を行っています。その際に6人の職員によるテーブルスピーチも行っていました。その時話

したある職員は「１年間の思いを話したが、とてもいいことと思った」と
言っています。

(i) 豊穀町健康祭りでの指導

　豊穀町では「健康を守る町民の集い」という意味で、３年間無通院の高
齢者や、虫歯のない人、健康優良児の表彰を行っていました。

　この時、小山校長は招かれて講演や体操の指導をしています。これについ
いて、豊穀町長は「来場するのはほとんど老人だが、気さくな気持ちで来
る」といい、「それだけ校長が地域に溶け込んだということ」と言ってい
ました。また、これについて小山校長のことを「教師という立場ではなく、
１人の人間として接していこうという積極的な考え方を持つ人」であった
からだと言います。

　平成２年にも小山校長を招いて開催していますが、実技ではお祖父さん、
お祖母さんの体がぶつかるくらい体育館がいっぱいであったので、いかに
校長が地域から信頼されていたかを物語っています。

注１　『昭和62、63年度高等学校生徒指導研究推進研究成果中間報告　資料編』　宮城県豊穀
　　　高等学校　1988年　p 147
注２　前掲書　p 70
注３　400字詰め原稿用紙71頁の内容である。
注４　『昭和62、63年度高等学校生徒指導研究推進研究成果中間報告　資料編』　宮城県豊穀
　　　高等学校　1988年　p 62
注５　豊穀高校旧職員の証言。この時の校長の声は非常に大きかったと言っている
注６　『昭和62、63年度高等学校生徒指導研究推進研究成果中間報告　資料編』　宮城県豊穀
　　　高等学校　1988年　p 120

3　一連の実践による成果・影響

⑴　全体的な雰囲気について

　豊穀高校では小山校長の元で職員が一丸となって行った一連の実践を、絨
毯を敷き詰めたように隅々にまで配慮が行き届く「教育ジュウタン」作戦と

呼んでいました。この実践について、当時のある職員は「仕事は相変わらず多いが、昭和62年には報われてきたというような気持ちになってきた」といい、「ある取組がどういう効果を生むかということに注視していた」と言っています。

　当時を振り返って別の職員は「昭和61年当初、生徒は劣等感のかたまりであった、昭和62年には入学式の中で、校長が『君達は新制豊穀高校の1回生だ』と話したこともあったし、制服を変えたこともあり、服装の着こなしが良くなった。以前は学生服を改造したりしていたが、ブレザーになると変えようがなくなったということもある。また、免許外の教科の先生にも上位のクラスを手伝ってもらい、習熟度別の授業をすることによって、上位のクラスの生徒はプライドを持ったようだ。全体的に明るい雰囲気になってきた。昭和63年になると、一層明るくなってきた。学力的にも高くなってきたが、生活面では落ち着きのない生徒は相変わらずいた」とのことです。

　職員の意識の変化について、次のような話があります。

　「今までは『どうせやってもだめだろう』という気持ちがあったので、新任教員は夜になると仙台に車で約1時間半かけてボーリング・ビリヤード・徹夜マージャンをしに遊びに行っていた。中には週に半分も行く人もいた。小山校長が赴任して4月の顔合わせの時に『1年間で変えてみせます』と言ったが、職員の多くは『どうぞやってみて下さい』という冷やかな受け止め方だった。しかし、実行力のある校長だったので、次第に『共にやってみようかという意識』になってきた」といいます。

　なお、小山校長が赴任したばかりの昭和61年4月での職員会議では,「地域からも見放されて陥没しているようなので活性化したいから、皆ついてきて欲しい。教員にも生きがいがあるべきだ。困難があると思うがついてきて欲しい」ということを話しています。

　一連の実践について、ある職員は次のようにも言っています。

　「すべてのことには共通理解が大切であった。校長はよく『一枚岩でなければダメだ』と言っていた。職員の意識が以前は諦めの気持ちで、『しゃーねーな（しょうがないな）』という感じだったが、校長の姿勢により次第に『や

ればできるんだな』というようになり、結局は『頑張ってみよう！』というように変わってきた」といいます。校長の意識の持ちようで職員の意識も大きく変わるということがここでもわかります。

　昭和61年に職員が一丸となって学校改革に取り組んだことにより、翌年の入学志願が大きく伸びたことについて、ある職員は次のように話しています。

　「予備登録の集計の際には言葉にできない感動があった。予備登録を見て、『本当に変わったのか、夢みたいだな。本出願で他校に流れなければいいな』と思っていたが、流れなかった」といい、「町をあげて後押ししてくれた。豊穀高校校長と地元の豊穣中学校の校長が仲が良かったので、『豊穣中学生は全員豊穀高校を受けるように』という程の熱い思いで指導にあたったらしい」とも言われています。

　なお、豊穀高校への求人件数については、「昨年までは約1,200件だったのが、平成２年の９月時点では約1,500件であり、好景気も手伝ってか就職が快調」になったといいます。

(2)　産業技術科設置の経緯と影響

　この地域における農業後継者育成の使命をもって当初から重要な役割を果たしてきた農業科に替わり、時代への対応という形で産業技術科への学科転換が行われたことは既に述べたとおりです。ここでは、産業技術科になったことによる影響はどのようなものであったかについて述べることにします。

(a)　旧農業科職員の負担増

　産業技術科が設置されたからといって、産業技術科の職員が新たに配置されたということではありませんでした。かつての農業科関係職員がカリキュラムに応じた授業を行っている状況でした。つまり、農業関係の施設を縮小したことにより、かつての専門の授業がなくなり、本来農業関係の専門家であったはずの職員が、畑違いである工業関係の分野まで担当しなければならないという事態が発生したということです。

　さらに、６人の職員は自動車ガソリンエンジン整備士の資格を取るため

に、6か月間は週の半分は仕事を終えてから1時間ほど離れた市の機関に通って勉強し、帰宅が10時頃になるということもあったといいます。

　地方公共団体からの高校に対する生徒1人あたりの予算措置としては、高い方から順に水産、工業、商業、農業、普通となっているということです。これは高校での施設設備の維持に関するものであり、自助努力だけでは運営できないとされる学科から順番に高額の補助が支給されています。普通科は殆ど実習に関する費用がかからないので補助が少なく、農業科については農場の生産収入により維持するということになっているようでした。

　ところが、産業技術科は工業系の内容を持つ学科であるにも関わらず、国や県の方針によって農業系の学科とされているために、補助金が少額であるという背景があるそうです。

　先述のとおり農業関係高校にあっては、農場の収穫による収益の多少によって、県からの補助金が決まることになっています。当然のことながら、産業技術科の設置により工業関係の授業を行うと、農業関係に費やす時間がなくなってしまい、農業収入が減少し、産業技術科の運営に支障をきたすというジレンマに陥ってしまうことになります。学科新設前は農場当番の生徒がいましたが、今はそれがなくなったので、職員がすべてをやることになります。産業技術科の工業的設備の実習費用も農場の収益によって捻出されているといいます。

　それにより、旧農業科職員の負担が増え、「アーク・ガス溶接実習の空き時間に圃場の整備に行くことになった。『若い頃楽して、歳とってから苦労する』と冗談を言いながらやっている」といい、「近隣の美景農業高校と拓進工業高校を足して2で割ったどっちつかずの状況であり、生徒が作業をやらない分は、先生がやらなければならない」ということも聞きました。

　豊穀高校は職業科が1クラスだけある高校としては、現在のところ県で収入が一番多いといいます。しかし、ある職員は「産業技術科というカリキュラムを作っても、予算的裏付けや指導者の養成が伴っていない。大型

機械実習といっても予算がなく、せいぜい溶接でごまかすしかない。学科転換としては産業技術科にならなくても、当時何かはしなければならなかった。しかし、紙上のプランではなくて、先述のことを考えなくてはならなかった」といいます。

(b) 産業技術科の今後の見通し

　当時新設の産業技術科の人気は好調でした。しかし、今回の調査では、将来の展望についてはあまり楽観的な話を聞くことができませんでした。

　当時の職員によると、豊穀高校は「昭和45年に独立したが、当時既に農業は下降線をたどってきており、先行きが見えていた。普通科設置は県の構想によるものであるが、農業科を今まで存続させたのは県の面子であった」とする意見があり、「産業技術科は今のところ卒業生に対する社会的評価が定着していないため、市民権を得ていない。緊急避難的な設置であるので、二の手を考えなければならない」という声もありました。

　また、「産業技術科が設置されたことにより、拓進工業高校は遠いからここに来たというような生徒もいる。工業高校に近づこうとしても、工業高校自体の内容が変わってきており、電子的なものが増えてきているので、本校の産業技術科はそのうち低迷するだろう。産業技術科は耳新しく、また兼業農家後継者養成ということでも生徒が来る。農業科・畜産科は全県的に定員割れの傾向にあるので、学科転換は県の方針でもあった」という職員の話もあります。

　更に、職業安定所の職員によると、「産業技術科には、農業・工業・商業を幅広く勉強でき、3年間の猶予を持って自分の適性を見つけることができるというメリットがある反面、その分それぞれにかける単位数が少なくなるということでもあるので、工業高校や商業高校で3年間専門的に習得してきた生徒達と比べた場合に、採用側企業にとっての即戦力という観点においては果たしてどれだけ期待できるか」と心配する向きもあるようです。

　生徒の状況については、産業技術科の第1回生は田の草取りをやらせる

と「何でこんなことすなくていけねの（しなければならないの）」という
声もあったそうです。工業をやるつもりで入ってくる生徒には不満だった
ようでした。しかし、新設後の２回生になるとカリキュラムの特性を理解
しトウモロコシの種蒔きでもよくやるようになってきたということから、
産業技術科設置の際の説明に関して、農業関係の授業を行わないというよ
うな解釈をした中３生もいたことが窺われます。

　宮城県内で高校卒業後に就農する生徒は平成２年３月は５人であり、む
しろ関連産業に就職する傾向で、全国でも高卒で専業就農者は1,500名位
であるということからも、産業技術科への期待は高まっているといっても
よい状況と考えられます。

　最近の宮城県の高校卒業者と農業就業者数については次の表のようにな
っており、農業を専業として就業する人数が減少していることが分ります
（表1-3-6参照）。

宮城県新規高校卒業者農業就業状況
（表1-3-6）　（公私立高校、全日制・定時制）

年		昭59	昭60	昭61	昭62	昭63	平元
新規卒業者数	A	25,096	23,727	27,523	27,253	27,070	28,339
専業農家就業者数	B	78	50	82	66	39	34
専業農家就業者割合(%)	C	0.31	0.21	0.3	0.24	0.14	0.12

資料は『宮城県高等学校卒業者進路状況』（宮城県教育庁指導課）による。

4　生徒の様子

　生徒の様子については、これまで様々な箇所で触れてきていますので、ここ
では今までに取り上げてこなかった内容について書くことにします。
　昭和62年の産業技術科の設置以後でも、豊穀高校の普通科といえども総合実
習や農業基礎があったので、隣町の清水高校や美郷高校の普通科とは違うとい

う意識を生徒は持っていたようです。また、リーダー的な生徒が入学するようになってきたと当時の職員は言っています。

　小山校長が来てから学校全体に活気がでてきて、出席コンクールでは、年間で遅刻者が1人だけというクラスも出現しています。また、初の試みとして、昭和62年にはリーダー養成のために「花山少年自然の家」に生徒十数名を引率して合宿もしていました。内容としては、教頭講話、模擬代議委員会、模擬総会、テーマを設けての話し合い、行事の立案、リクリエーション等であり、生徒は真剣に取り組んだとともに、面白かったということでした。

　当時の生徒の話によると、教室が職員室の近くになったこともあるのかもしれませんが、先生がすぐ出てくるということもあって、休み時間に廊下に出ていじめを行う生徒が少なくなったということを聞いています。

　また、各種のコンクールの参加についても、以前は「賞に入らなかったらみっともない」と思って出ることをためらっていたのが、先生方が協力的で、「出ることに意義がある」又は、「私がお父さんなら喜んで出すよ」と励ましてくれたので、「そこまで言われて出ないわけにはいかない」と、吹奏楽のソロコンテストに出る気になったという生徒もいたようです。

　その背景として、当時のある生徒の言葉によれば、「校長がいつもニコニコしていて『学校をどのようにしたいか』ということを生徒に言っていたので、生徒も分かってくるようになった」ということも関係しているのかもしれません。

　これらの延長線上として、調査当時、「昭和62年の1学期には生徒の問題行動が全くなかった」ということを聞いています。

5　文部省の研究推進指定

　豊穀高校は、昭和62〜63年に文部省の「高等学校生徒指導研究推進」の指定を受けています。

　本論の目的は豊穀高校の実践とそれについての種々の影響を述べることにありますので、このことについて大凡のアウトラインをなぞることは、豊穀高校

がどのような学校組織の中で一連のことを行ったかの参考になると思われますので紹介いたします。

　この件については、実質的な事後承諾の形で話は進められたといいます。昭和62年3月9日に、校長は県の教育委員会よりもっと大きいレベルでの研究指定となることを職員に話していたそうです。職員の反応としては、「小山校長が来て既に1年が経過したので、今までのことはどのような意義があったのかをまとめてみようという雰囲気になっていた。指定の有無に関わらず、昭和61年の実践をまとめる上で組織の必要性を感じていた。だが、どのようにまとめるかは苦労した」ということを当時の職員は話していました。

　また、別の職員はこのことの意義について次のように説明しています。

① 　やったことをまとめる。回想録を作るためのきっかけ。成果の再確認。
② 　人間は期限が決められて何かやろうとすると深く掘り下げてやるもの。
　　エネルギーを集約するためのきっかけ。

　ある職員は「『やったことをまとめればいい』という校長の言い方が良かった」といい、「おおごとだという受け止め方はなかった」と当時のことを振り返っていました。

　また、このとりまとめを校長から依頼された職員は、当時行ったことについて、五里霧中で始まったが、①組織化、②昭和61年度に何をやったかを洗い出す、③②をそれぞれの分野領域に分ける、④分けた結果を確認、吟味する、という手順で進めたようですが、「内容によっては重複するものもあり、入替えはしょっちゅうだった」ということです。このための組織作成についての考え方としては、次のような方針で行われています。

① 　日常の校務に差し支えないような仕事でなければならない。
② 　校務分掌の長が分掌に関連あるような形で行う。
③ 　推進のためにだけ割かれる仕事をなるべく少なくする。
④ 　専門委員会と推進委員とのパイプをうまくつなぐことを考える。
⑤ 　情報は各委員会の「副」を通し、「長」がとりまとめる。

　このことについて、「学校が良くなるためにということのものもあれば、文部省に出すためにやった実践もあった。最終的な資料をまとめるために、午前

2時頃まで残ってやったこともあったが、終わってから充実感があった」という職員の話も聞いています。

研究上の留意点としては、次の3点でした注1。

①　研究のための研究とならず、成果が生徒の生活に活かされるものであること。

②　他校への参考となるような具体的な研究実践であること。

③　日常の教育活動の支障にならず、日々の実践の中でできる研究であること。

この組織を立ち上げてから、昭和62〜63年の間に、13回の専門委員会、42回の推進委員会が開催され協議を重ねています。そして、それに伴う資料も数多く作成されており、その労力は非常に大きいものがあったことがわかります。しかし、このことが直接に学校の活性化と関わりがあることとは判断し兼ねましたので、この項における文部省関係の記述はここで留めておくことにします。

注1　『昭和62、63年度文部省指定高等学校生徒指導研究推進校研究集録』　宮城県豊穀高等
　　　学校　p 12

6　中学校への影響

昭和61年度からの豊穀高校の実践により、翌年の豊穀高校志願率が上昇しましたが、中学校側ではどのような受け止め方をしたのでしょうか。この項ではこの当時、清水郡の中でもとりわけ豊穀高校に多くの生徒を送り出している五つの中学校について、その状況を記述します。

ここではまず、周辺の中学校が豊穀高校の変革ぶりについて、どのように状況把握していたか、次には、そのことが進路指導にどのような影響を与えたか述べることにします。なお、その捉えかたは学校により異なります。

⑴　中学校の受け止め方

地元の中学校の先生の話です。

「小山校長以降は、普通科がコース制になり、やる気のある生徒に対して

門が開かれてきている。例えば某国立大にも推薦で合格者を出している。部活動については陸上部に県でもトップレベルの先生が来て指導にあたり、楽しそうに活動しているという印象を受ける」

「県立の高校でありながら、町と一緒になって学校づくりを行ったことの意義は大きい。『豊穀高校を語る会』や『開放講座』によって、実態を町民に知らせた。『変わるんだ』という気持ちを生徒や町民に植えつけたし、認識させた。一日体験入学をこの辺りでやり始めたのは豊穀高校が最初（昭和61年の10〜11月）だった。中高連絡会は頻繁に持たれ、校長自らが陣頭に立って『変えていきたい』と言っていた。地元の高校に期待したいという町民の潜在的な気持ちを引き出した。高校入試における進路指導のあり方を変えなければいけない、という意識が職員の中に出てきた」

「体験入学でコンピュータ等によって啓蒙された。魅力ある学校であるということのＰＲと、学科転換がうまくからんでいた。農業関係科からコンピュータを全面に出されるとイメージが違う。周囲の高校の状況が悪かったので豊穀高校の浮上が余計目立った。小山校長の影響からか、ある民生委員が『地域の学校を良くしないと町が盛り上がらない』と言っていた」

「普通高校にも職業訓練的要素があって良い。普通科の受け皿としての役割を豊穀高校は担っている。普通科のコース制導入により体育的にも目を開いた。生徒にとっては楽しみなこと。『地域の指導者を作る』という方針を全面的に打ち出し、子どもを活かすことをやり始めた。産業技術科によって必ずしも他の拓進工業高校に行かなくても勉強が出来る。豊穀高校の伸びたポイントは学科転換だけではなく、教師の取り組みによるものが大きい。悪い噂はない。生徒も高校生活を楽しんでいる。また、看板を大きくするなど、環境面を見直した。これには先生方にもプライドを持たせることとなった。生徒指導は以前は組織的ではなかった。中学校では『そう簡単に変わるもんではない』と２年間は思っていた。しかし、生徒の礼儀が良くなって、校舎もきれいになった」

これらからも分るとおり、種々の角度からの受け止め方がなされており、おおむねかなり好意的な評価であるとみてよいと思います。

(2)　入試への影響

　以下、引き続きこの点についての関係者の話をそのまま記述します。

　「入試平均点がレベルアップした。コンピュータ関係ができるということで、拓進工業高校から豊穀高校に志願者が流れるという傾向が見られた」

　「他高校は予想どおりの入試の倍率だったが、豊穀高校だけは高倍率だったので、『入学が難しい』ということで評価が高くなった」

　「昭和62年には普通科は難しく、産業技術科は易しいと踏んでいた。昭和62、63年にはあまり芳しくない子も受験させたが、豊穀高校からの地元の中学校に対する信頼を失いかけて、平成元年から選りすぐった子を送るようになった。入学した先輩は後輩のためにいい行いをして欲しい。この年は普通科では2人落ちただけで、産業技術科は全員合格した。同中学校では昭和62年には拓進工業高校から豊穀高校に志望者が流れた。遠い美景農業高校よりも近くで親も卒業生もいる豊穀高校に志願するようにという指導をした。それはまた、小山校長の地元に対するＰＲ活動でも知られていたこともあったからだ。三者面談の際には豊穀高校のことをそんなに悪く言う親はいなかった。しかし、当時、産業技術科がどのような学科であるのかを、中学校側はあまり分っていなかったので、三者面談の際に『工業高校、商業高校では取れる資格は判っているが、産業技術科ではどういうものが取れるのか？』と聞かれたが、『まだ未知数。しかし、あそこ（豊穀高校）にいけば小山校長がいい所に就職をさせてくれる』と話していた。また、豊穀高校が伸びたのは、学科転換による影響が大きかった。農業関係の実習がなくなる。工業系の勉強ができる。産業技術科設置によるイメージアップで普通科も伸びた。中学校では高校に対する情報は少なかったが、豊穀高校はそういうところに情報とイメージを持ってきた」

　「5～6年前に入学できたような生徒が今は入れなくなってきている。今では郡内の普通科の高校では難易度に極端な違いがあるとは思わない。『将来はより多くの進学者も出したい』と聞いている。生徒にとっての魅力は、経済的な観点からも通学距離が近いということである。産業技術科が出来た昭和62年には緑峰中学校では拓進工業高校から豊穀高校に流れた子はいない」注1

　「当時は農家の兼業が多く、専業者が少なくなっており、もはや魅力とはなってこない。この時期に産業技術科ができた。園芸や機械だけではなく、それによって経営等を幅広く学習できるということは魅力。学校説明会では『今の時代に即した』という点をアピールしたのが、拓進工業高校と豊穀高校だった。美景農業高校の農業土木科は技術的な面で魅力がある。豊穀高校はそれを含めた形でいち早く学科転換で対応した。学校紹介の時の生徒の反応は『入学したい』という態度だった。豊穀高校のもう一つの魅力は生徒の生活態度である。高校に行っても感じが良く、生活面の躾が行き届いている。生徒に『厳しいのか？』と聞くと、『厳しいのではなく、実社会に出るための訓練』という答えが返ってきた。小山校長が成し遂げた実績である。生徒が自分の将来を決めることは難しいことなので、担任が情報を集めていた。（進路選択にあたっては）点数の目安は提示するが、学校が命令するようなことはしなかった。『自分で決めなさい』と言っていた。説明会も父兄の評判が良かった。ＰＲがうまかった。郡内の高校では生活面が一番いい。学力が高いと言われている清水高校に充分ついていける子も豊穀高校に行き出した。豊穀高校でトップを取れという指導をした」

　「近くの私立高校はここ１〜２年は公立受験のすべり止めにならない状況である。新幹線ができたことにより、かなり遠くからも生徒が殺到している。辛うじて、岩手県の私立高校の中で、宮城県の公立高校の入試結果発表以降に入学金を払ってもいいところがあるので救われている」

　「大局的には学科に限らず美郷高校や拓進工業高校ではなく、豊穀高校を受験させた。指導のポイントとしては、①大学に進学する訳でなければ、美郷高校に行かずに豊穀高校に、②拓進工業高校から豊穀高校へ、美郷高校普通科から豊穀高校普通科へ、であった。小山校長は学力よりもコツコツと努力する人間を望んだ。『中学校では率直に内申書を書いてくれ。赤点取っても先生方は面倒を見るから』というので、豊穀高校には多く受験させた。また、そのような高校の入学方針は良かったので、中学校でも生活態度を良くするようにという指導ができた。しかし、つっぱり生徒が地域で長い学生服による自己主張ができなくなることによって、本当の心の悩みを外見に訴え

解決することができなくなった。その結果、中学校では対教師暴力や器物破壊の傾向は減少したが、怠学傾向、無気力・無責任・無感動な生徒が増えた」

「豊穣中学校から美景農業高校に受験するようになったのは、平成元年から。いままでは1～2人だったが、豊穀高校のレベルが高くなったので、平成元年には16人が美景高校に流れた。豊穀高校は難しいという意識となっている」

「平成元年から、緑峰中学校では成績のいい生徒を豊穀高校に送るようになってきた。『豊穀高校に行けばお前は確実に上位の成績が取れる。そうすれば、大学の推薦も受けられるだろう』という指導をしているようだ。清水高校が最近低迷している。退学者が多いという。全国的な傾向の現れなのかもしれない。今の子は家庭で勉強しなくなった」

「豊穀高校は生徒指導関係が良くなり、上級生からいじめられるということがなくなったので、中学校では安心して進学させるようになった。産業技術科は時代の要請に応えて、成績が良い生徒が行くようになった。点数のレベルが上がった。平成2年には10人が落ちた。この原因としては、『落ちてもいいから受験したい』という生徒がいたからということや、進路指導の失敗だったかもしれない。体験入学等によって、カリキュラムへの理解を持たせることにより、普通科ではあるがコース制により技術を身に付けることへの人気が、大学進学率の伸びの減少と関連して伸びた。平成2年は元年よりも入試の県平均が例年より20点くらい上がった。このことが、『豊穀高校が難しくなった』という話に拍車をかけている」

「郡内南3か町の生徒急増と小山校長の宣伝活動が合致した。体験入学で魅力のある部分を見せたことなど、豊穀高校の自助努力は大きい。他校も体験入学をやったが、生徒は行かなかった。豊穀高校は生徒の中退も少なく、交通事故も少ない。また、真剣に生徒の指導をしている。学習に遅れが見られる子には漢字の面倒を見ている。安心して薦めることができる。平成7年までは生徒数が増加しているので、郡内南3か町のPTAを中心に現在豊穀高校に定員の増員を要請しているが、郡内に定員割れの学校があるので期待できないだろう。そのことによって益々豊穀高校の株が上がることになる。

小山校長の陣頭指揮の姿勢は郡内の中学校・高校の校長にも刺激になったのではないか。産業技術科を設置したことも大きな要因であった。文化祭には生徒が行ってみた。先輩の意気込みがいい方に回転しているので後輩にも影響したようだ」

　進路指導への影響については、この地域の各中学校の置かれている現状がそれぞれに異なるために必ずしも一様な状況とはなってはいませんでした。大まかに見ただけでも以下の問題が挙げられます。

① 　学区の枠組の再考

② 　地域の実情に見合った適正な高校の学科編成、入試方法の問題

③ 　高速交通体系網の整備に伴う通学範囲の拡大による地方への影響

④ 　③に伴う私立高校の位置付けの変容

⑤ 　大学進学希望者に対する既存の教育施設制度への期待に対する揺らぎ

⑥ 　公的施設だからこそ必要なＰＲ、等々

　そのために、できることが何であるかを考えるための前提として、豊穀高校の実際の牽引者であった校長と、その補佐をした教頭について触れておくことにします。もしかすれば、このことは今回のテーマには直接には関係のないことなのかもしれません。しかしそこには、これらの問題を解決するための鍵が、この２人の方法の中にちりばめられているように思えてならないからです。

注1　工業高校での高い専門性の学科を志望している中学生は、幅広い分野を学べる豊穀高校を選ばなかったということ（筆者）。

7　校長・教頭の果たした役割

　一連の豊穀高校の実践については、小山校長とそれを支えた八重樫教頭は今回の調査の中でも度々話題となっていました。そして更に話をしてくださった方々が、校長・教頭とどの場面でどのように関わったかということにより、その人柄や問題解決の方法や実践についての評価などが、実に多様となっている

ことに気づかされたものです。

　ここでは、校長と教頭についての受け止め方という観点で、聞き取り調査に基づいた資料によって記述していくことにします。

　この項目はもしかすれば学問的なアプローチとは無縁のことかもしれません。それは、小山校長について調査した範囲では、多くの人が語る内容は主に賞賛であり、「小山校長だから学校改革ができた」というような話が多くあったからです。しかし、特定の人物だからできたということであるならば、他の人間には応用不可能であると結論づけられ、それは本書の趣旨には反します。

　それゆえ一連の実践について何がどのように機能したか、という構造の本質を引き出すにあたり、本項ではそもそもこれらがどのように行われたかを知ろうと考えたのです。

　しかし、聞き取り調査の際には必ずしもすべての人が快く応じてくれた訳ではありませんでした。それは調査の方法自体についての問題ということもあったかもしれませんし、また、これらの実践にコメントを差し控えたいという状況を持っている人もおられたようでした。よって、この項ではあくまでも全体の中の一部であることをお断わりしておきます。

　また、人間性は「ある事柄」を通して浮き彫りにされてくることなので、厳密には方法論との境はないのかもしれません。ですから敢えて、ここではそれを取り上げることにします。

　以下の記述には校長・教頭の「単なる印象」というものもあれば、両者の「果たした役割」として分析的に話されているものまで、実に様々でありました。

⑴　校長について
　この項目については書いておくべき事柄があまりにも多いので、豊穀高校職員、生徒と親、町関係者からの印象について、書き留めていこうと思います。

　⒜　豊穀高校職員の受け止め方
　　「何をするにしても、目的意識がはっきりしていた。小山校長以降は先を見通してこうやればこうなるということを予測して行動することができ

た。ワンパターンではなく、よくあれだけ臨機応変に対応できるということに驚いた。校長も教頭もしっかりと情報収集をしていた。よく校長室に呼ばれたが、校長は的確な情報をつかむための努力をしていた。相談した上でのことだったので、校長の判断に猜疑心を持つことはなかった。いい意味でのプレッシャーがあった。期待をかけられているということがひしひしと分った」

「優しくて思いやりのある人。迫力のある人。生徒にちょっと悪いことがあっても、父兄も呼んで指導したのですっかり良くなった。皆で盛り上げたという感じ。『御苦労さんね』等の声掛けも多かった。仕事をやってもやり甲斐があった。苦にならなかった。電話があった際にメモを忘れると相手に失礼だといきなり怒られた。気配りはすごかった」

「上から下まで分け隔てなく接してくれた。ワンマンではあったが話しかけてくれる人だった。全てに気を配っていた。私達もシャキッとしなければいけないような気持ちにさせられた。申し分のない人。今までの校長とは違うタイプであった。今、校長の話をしていても懐かしくて会ってみたいという気持ちになっている。悪い印象はない。姿を見るとすぐに『御苦労さん』と言う人だった。遠くからでも声をかけた。こちらから言うより向こう（校長）からかけてくれることの方が多い。偉い人には話したくても恐れ多いものだが、そうでなかった。帰りには大きな声で『よろしくなー』と言って帰っていった」

「最高の一言に尽きる、素晴らしい人、小山校長だから学校の立て直しができた。平等に扱ってくれた。独立当時の校長にも似ている。思いやりと優しさがあった。厳しい点もあったが、親身になってのものだということが分った。生徒も朝晩の挨拶ができるようになった。職員の打合せは8時30分だが小山校長は7時55分には来て学校を一回りしてくるので、校長の出勤前の7時30分に行こうという気持ちになった」

「校長の人間性で立て直しができた。皆でワイワイやるのが好きな人だった。人は使うがその後のフォローがうまかった。『責任は俺が持つ』と言ってくれた。校長室に入りやすい雰囲気を持っていた。繊細な神経を持

っていた。この先生のためにやってやろうという気にさせてくれた。ちなみに、『町長選挙に出たら取れるだろう』という小山神話というのがある」

「赴任当時『先生方、一所懸命やって下さい。責任は私が取りますから』と言われた。以前は職員間の足の引っ張り合いもあったが、目的遂行のためにみんな協力してやるようになった。

問題としては、

① 進学指導の経験者がいない

② 中堅職員がいないので若手が育たない

という意味でこれからが問われる」

「生徒指導についてはきめ細かい指導で、その生徒の家族構成等も考慮した指導だった。行き当たりばったりではなかった。パワーのある人。時間を厭わずあちこちに出向いて学校の現状を訴えたので、地域の賛同を得られるようになった。4月当初、小山校長の言うことが従来慣れてきたやり方と違うのでよく理解できないことが多かった。ズバズバ物を言う人。当時生徒会の顧問をしていたが、形骸化している行事の見直しをした。『生徒が参加しないならばやめろ』とも言われたが、いざやるとなれば助言をもらうことができた。校長の意向を活かす条件として、若い人が多いという状況も良かった。年配の先生で長くいる先生は、学校の低迷について地域からプレッシャーがあったと思う。人の意見をよく取り入れる校長だった。決断力を持っていた。リーダーシップもあり、自信のある人だった」

「良いことは隠さない、という感じだった。良し悪しを抜きにしてクセのある人でなければ活性化はできないと思う。歴史を変えたり、新しくしたりする人はクセある人でなければならない。仕えにくい校長だった。教育者としてはすごいけれど、人間的には好きではない。だけどあの人でなければできなかった。かなり先生方は大変だった。自我が強い。自分の方針を進めるために、どのようにすれば人が動くかということをよく知っている人だった。緊張感を与えることがうまかった。生徒指導ではスピーディーさを要求された。生徒指導部長も時々叱られていた。校長の運営方針はハッキリさせていた。校長室に入りにくい雰囲気はなかった。成功者を

誉めた。飴の使い方がうまかった。高飛車に押しつけられることはなかった。『私が絶対変えて見せますから』そう言ってくれる校長が来たことは嬉しかったのではないか。当初半信半疑の人もいたかもしれない。地域の評判を取った。きたない言葉で言うと人気取り。校長は町の行事にすべて来賓として参加した。付き合いによって評判が良くなったことにより、入学式や卒業式で逆に来賓も来るようになった。地域の行事に参加したことによって、地域と仲良くしなければ、という雰囲気になってきた。生徒にとっては、厳しかったけれどもいい校長だと感じているだろう。一つ叱って二つ誉めた。『やめろ！お前のような生徒はいらない！』とタバコ1本で進退を考えさせた。生徒は停学解除の際には手紙をもらい、肩を叩いて握手してもらっていた。小山校長のときから豊穀高校の職員が数人世話になっている下宿にも校長が顔を出すようになった。転任の際、地域の人は残念がっていた。教員の半分は『今後どうなるか不安』であり、残りの半分は『疲れていたからホッとした。あの先生でなければできなかった』と皆思っていると思う。『いい経験したな』という思いはある。小山校長に対する町民の信仰は今（調査時点）でも根強い」

「生徒も職員も大切にする人だった。土、汗まみれになって仕事する人には『御苦労さんを言いなさい。感謝の気持ちを表しなさい』とよく言っていた。一言で発奮させるなど、人の使い方はうまかった。心のある人。生徒にも自分から声をかけた。バイタリティーにあふれていた。『生徒の立場になれ、生徒にとって何が快適な環境なのかを考えなさい』とも言っていた。言うことが大きいので、最初は法螺吹きだと思っていた。校長の任期は短いので腰掛け的だろうと思っていた。赴任当初、分掌部長たちとの顔合わせでは睨み付けるような気迫があった。夏休み前までは信用していなかったが、『豊穀高校の教育を考える会』など、議会で訴えた姿を見て印象が変わってきた。女の人にはダンディーであり優しかった。『生徒指導でも何でも精一杯やってくれ。責任は私がとる』と言われ、嘘かもしれないと思っても嬉しかった」

「特殊な人だったがYesだった。自信のある人。『変えてみせますから』

ということもあの人だからできた。『用務員さんたちのような立場の弱い人を大切にしなさい』と言われていた。職員の共通理解を大切にした。一連の流れの中で、職員の反感はない。農業科廃科により、再び分校になるかもしれない。または廃校の可能性についての危機意識を植えつけた。博打を打っているような気持ちで当初はやっていた。当初、半信半疑でやっていた。昭和62年の新聞の入試志願の伸びを見てビックリ！ギリギリ締めつけられたという印象を持っている生徒も少なくないが、新聞を見て意味のあることだと感じ始めたようだ。小山校長離任の時は、以後の学校がどうなるか不安だった」

「カリスマ性を持ったパーソナリティだった。教員組織が良かった。比較的若い頭脳と、柔軟に対応できる組織だから相まって効果が上がった。年配の教員ばかりでないのが良かった。いくらヘッドに権限があっても、また組織がいかに立派でも人間関係がうまくいっていないと、組織は機能しない。そのような雰囲気が生まれてきたことにも恵まれた。今思えば小山校長がやったこととしては、

①　教員同士をひねくれていないで競わせたという印象。同じくらいの年齢ならば特に。

②　全体の前でその先生のやったことを誉めた（あるクラスで停学の生徒が出て、家庭の教育力がなかったとき、農場の協力を得て、担任が一緒に泊まったことがあったが、その担任を翌日の朝礼で誉めている）。

③　以前は職員同士で互いに足を引っ張る雰囲気があったが、次第になくなってきた。

④　後手の生徒指導が先手に変わる。これは全校集会で、きちっと並ばないとその場で担任を叱った。賞状伝達の場でも生徒が礼をできないと担任を叱ったことがあった。教員は自尊心が強いので、事前に指導するようになるし、せざるを得なくなる」

(b)　当時の生徒や親からの印象
当時の生徒は小山校長について次のように振り返っています。

「いつもニコニコ、怒る人とは思えない。校長先生から挨拶する。生徒に怒ったところを見たことがない。いつもゴミを拾っていた」

「めったに怒らないけど、集会でうるさいときは本気で怒った」

「廊下で擦れ違うとき、無言で通り過ぎることはなかった。『お早う』『さようなら』『○○（部活動名やその種目）頑張っているか？（知っている生徒にはそれなりの内容）』『いつも早いね』などと言われると悪い気はしなかった。こちらからも、窓越しに『校長先生、お早うございます』と言うと、『お早う』と言ってくれるので、声を掛け易い雰囲気があった」

「いつも部活動に顔を出していた。校長に限らず先生方の転勤するのが早い。もっといてもらいたい。1回でいいから校長先生にも教えてもらいたかった」

また、当時の保護者の印象としては次のようでした。

「町の婦人部、老人の方にも溶け込んでいた。親しみ易い人。『あの校長が気に入ったから入学する』という子もいた。子どもの気持ちを分ってくれる人」

「校長先生というよりも親という感じだった。厳しいときはとても厳しく、柔らかいときはとても。今の時代にはああいう厳しい親はいなくなった。以前は『何だ、豊穀高校生のあの歩き方は！』という声があったが、最近聞かなくなった」

「酒飲みの会場でも自分から注いで廻る人だった。人間ができている」

「保護者会に来ない親には子どもを通じて連絡した。後半は特に父親がかなり増えた。あの人が来なければ豊穀高校は今なかった。やることは徹底した」

「もう3年位いてもらえば・・・残念だった、もう少しいてもらいたかった。皆もそう言っている」

そして、以下は同校のかつての同窓会長の話です。

「管理職には伝統を守るという考え方の人が一般的に多く、幼い子の芽を潰してしまうものだが、小山校長は本当の人間教育をした。『落ちこぼれ』といわれるような子も大事にしていったので、子を持つ父兄が安心して学

校にやれるようになった。そうでなければいつ退学させられるかハラハラ
していた。学校と親の信頼関係がなければ本当の教育は生まれない。生徒
はまだ『子ども』なのであり、対等ではないのだから」

(c)　町関係者の印象

　当時の町議会議長は次のように話しています。

　「行事では町内のみならず、郡内でも引っ張りだこ。『教育を語る会』で
は隣町の母親からも感謝されていた。転勤の時に、町長、議長、教育長が
集まって料亭で一席設けて労をねぎらった。生徒の挨拶が良くなったし、
きれいな言葉が返ってくるようになった。また、朝にはゴミ袋を持って通
勤し、国道の空き缶等を拾って歩いた。とみに学校の環境も美化されてき
て、辺りからは『今度の校長、たいしたものだ』という声が聞こえてきた。
退学になりそうな子も民間の業者に頼んで面倒を見てもらったことによ
り、7～8割は更生したようだ。素晴らしい」

　また、町長は、「『絶対退学させない、面倒見る！』と親に説明していた。
職員が一体となってやった印象を受ける。また、『どんなことでも注意・
助言して下さい』という姿勢で、婦人会等の集まりでも、夜でもお手伝い
しますから、と出掛けていって話した。生徒や教師に対しても厳しさがあ
った。毎年5月、皐月の花の咲く頃、地元の小・中・高の校長、教頭、教
務主任、教育長とで町長宅で園遊会を行っている。ここでも小山校長は町
の中に溶け込もうという姿勢でやっていた。そして、どんなことにもざっ
くばらんに対応した。『何でも気付いたことがあれば言って下さい』とい
う気持ちがあり、電話の回数は小中の校長よりもはるかに多かった」と言
っています。

(2)　教頭について

　当時の八重樫教頭の果たした役割も大きいといえます。確かに小山校長の
方針や実行力もさることながら、陰でそれを支え続けたのが教頭の功績だっ
たと見る向きが多いことも事実です。

(a)　豊穀高校職員の受け止め方

「切れる！の一言に尽きる。校長の発想に肉付けをして行動につなげたのが八重樫教頭であり、お金のやり繰りをしたのが事務長だった。生徒指導でもキメの細かい配慮があった。校長まで話をもっていかなくても、（教頭のところで）かなりのことまでできた。徹底的に女房役に徹した。かなり大変だったと思うが、素晴らしい人だった。人間的にも幅のある人だった。やさしく職員にも気を遣ってくれた」

「雰囲気づくりがうまかった。気遣いは素晴らしかった。尊敬できる人間性。気配りは大変だったろう。現業の人たちとの調整では心を砕いたようだった」

「校長を活かすことのできる人。働きやすかった」

「よく相談相手になってくれた。研究推進に関しても時間を惜しまずに関わってくれた」

「教頭が重要な役割を果たしていた。校長と生徒部長との調整をうまくやっていた。教頭も情報の収集をしていた」

(b)　上記以外の当時の関係者の印象

当時の生徒は次のように言っています。

「声を掛けやすい人だった。お父さんのような人。校長先生も教頭先生も他校に行ってしまって、取られてしまったような気持ちになった」

また、町関係者によると、「校長が厳しい人だったから、生徒や職員の慰め役だったようだ」という見方もありました。

なお、小山校長自らが次のように言っていることは、注目すべき点です。

「職員の飲み会では『2次会は教頭さん宅でね』と言うことができた。教頭に恵まれた」と。

(3)　その後の豊穀高校の校長について

その後の管理職のことについて記述することは本書の趣旨ではありませんが、調査の際に聞こえてきた事柄としては、非常に良い受け止め方をされて

いるようです。なお、これは

① 調査項目の対象とはしなかったこと

② 特に現在の校長の在任期間が現時点（調査時点）まであまり長くないこと

この2点により今回この事項については多くを書くことはできません。

しかし、少しだけ触れておくならば、次のような話がありました。豊穀高校職員からは、

「次期の児玉校長は前校長と比べられて大変だったのではないか。でも人間味があったのでいい人だと思う。酒を飲めば最後までつきあうような腹の太い人だった。小山校長の後任としては適材だった」ということや、「次期の校長は維持した。始めることよりも大変だったろう。きめ細かい配慮をする人だった」ということも聞かれました。

また、町関係者においては、「小山校長の意思を継いでやっている。その意味においても、次期児玉校長や現在の吉田校長の赴任については県の配慮が感じられる。児玉校長は非常に謙虚な人であったが小山校長には勝るとも劣らない人であった。性格的には小山校長とは対照的であったが、着実に小山校長の路線を継承した。現在に至るまでの3校長とも威張らない人である。先生達の評価も良かった。生徒達にも理解されたと思う」

「小山氏以降の校長もその路線を継承したが、ある意味においては創業よりも大変なことだった」と豊穣町教育長三上氏は述べています。

「次期の児玉校長も現校長の吉田校長も『創業は易く守成は難し』というが、維持するのが大変のところをよくやられている」ということでした。特に調査したわけではないのですが、この高校人事にあっては県の配慮を感じました。

第2章

豊穣高校から何を学ぶか

　以上、第1章において述べてきたような一連の取組みによって、豊穀高校は一部の職員に大きな負担を残したような形ではあったものの、対外的には入学志願倍率も伸び、また生徒の礼儀や言葉遣いも良くなってきて、町関係者による印象も非常に良いという状況になっています。

　ここでは、以上のことについて角度を変えて、豊穀高校を志願する生徒がどの程度集中していたのか、反面これらの取組にまつわる種々の問題の所在、またそれについての対応や方法等についての影響は何かということについて整理したいと思います。

第1節　清水郡における高校受験生の動き

1　豊穀高校における志願集中の度合い

　全国的に教育関係制度がほぼ整ってきて、高度経済成長の兆しが見えてきたこと、また、その頃豊穀高校が昭和26年に分教場として産声をあげたことは、第1章第3節の第Ⅰ期のところで触れたとおりです。この時期は町に支えられた形で次第に学校の規模が大きくなり、それに伴う形で期待が高まってきていました。

　しかし、同時にその時期は国全体としての教育政策については、高度経済成長に伴う様々な問題が出てきた時でありました。依然として工業化の名のもとに農業を犠牲とすることを是とした時代でもあったことは、既に述べてきたとおりです。

　しかし、この時期は戦後の復興がようやく軌道に乗り出し、また、全国的な高校進学率の上昇傾向の波とも相まって、豊穀町においては、農業後継者養成の高校に対する町民の期待が高まっていた時期とも重なっています。それと同時に、このことは国の農業政策が変わらない限り、この時点で「既に農業関係

高校の先行きは見えていた」ことを意味しています。

　事実、豊穀高校においても、昭和40年代後半からは次第に入学志願倍率も長期低落傾向になり、それに伴い学校としての活力に陰りが見られるようになってきています。しかし、このことは単に入学志願倍率の動向だけで説明することはできません。これについては、以下の段階を踏まえて考える必要があります。

① 　中学校における進学指導において、志望する高校に願書を提出する際に、偏差値等の基準により、合格の可能性の高い生徒から志願先へ振り分ける傾向が見られます。逆に、現在の日本において、社会的に需要の乏しいとされる産業に関する学科には第2希望、第3希望の生徒が行かざるを得ません。また同時に、本来希望する高校への合格の可能性が低いとされた生徒が第2、第3の志望校を受験せざるを得ないという傾向が見られます。つまり、入学志願倍率が高いだけでは人気があるとは厳密には言い難いという側面があります。

② 　しかし、真に高校自体にも人気がなければ、志願者が少ないということはあり得るものです。また逆に、人気がなくても他に合格可能性のある高校がなければ、志願者が特定の高校に集中せざるを得ないということもあります。

　ここに「志願集中度」という指標を定義したいと思います。

志願集中度

a ＝当該地域・当該年度における高校の募集定員の総人数

β ＝当該地域・当該年度において卒業する中学校3年生の総人数

Ｘ＝特定高校特定学科の入学定員

Ｙ＝特定高校特定学科の入学志願者数、とすれば、

（$\beta \div a$）は、当該地域・当該年度における高校の期待倍率……………(1)

（Ｙ÷Ｘ）は、当該高校の特定学科の入学志願率…………………………(2)

つまり、(2)÷(1)×100を計算すれば、100を基準として特定高校特定学科がどれだけ志願が集中しているか、または分散しているかを計る尺度になります。

つまり、志願集中度をＳで表すと、

志願集中度Ｓ＝（Ｙ÷Ｘ）÷（$\beta \div a$）×100

$$\text{志願集中度} \quad = \quad \frac{Y \times a}{X \times \beta} \quad \times 100$$

　厳密には中学校卒業者が全員高校を受験する訳ではありませんので、上記の計算方法は多少の誤差を含んでいることを付け加えておきます。

　例えば、☆郡内の中学校3年生の総数が3,000人、

　　　　　☆郡の高校定員の総数が2,000人とすれば、

　　　　　志願期待倍率は　3,000÷2,000＝1.5倍となります。

　▲▲高校の特定学科の入学志願者が200人として、同校の同科の募集定員が100人であれば、入学志願率は、

$$200 \div 100 = 2 \text{倍となります。}$$

　志願集中度はこの期待倍率に対する入学志願率でありますので、

$$2 \div 1.5 \times 100 = 133.3$$

となり、☆郡内の平均よりも（133.3－100＝）33.3多く▲▲高校の特定学科には受験生が集中していることになります。

　よって、100という値は当該地域・当該年度の入学志願倍率の平均と同じ値です。志願倍率の平均に対して特定高校・特定学科がどの程度なのかを示す指

標となります。これはまた、互いに引っ張られる関係にありますので、どこかの学校の数値が高くなると、どこかが低くなるという関係があります。

　どの学校も100であるならば、人数だけをとってみれば、受験生は同じ危険度を持って、願書を出したということになりますし、また、すべての学校・学科の倍率が全く同じということになります。

　清水郡についての志願集中度を表にしたものが、表2-1-1です。

（表2-1-1）清水郡志願集中度

年度	昭56	昭57	昭58	昭59	昭60	昭61	昭62	昭63	平元	平2
豊穀高校 農業関係学科	77.8	74.8	57.7	42.7	31.8	12.4	130.4	123.1	114.4	109.2
豊穀高校 普通科	96.8	71.9	82.1	64.0	88.7	69.8	103.7	121.2	139.2	141.6
清水高校 普通科	116.3	116.4	108.5	110.9	120.6	113.6	97.3	94.7	92.3	96.3
清水高校 定時制普通科	36.8	24.4	89.7	58.7	39.3	90.9	82.8	60.3	81.7	19.0
美郷高校 普通科	108.1	112.0	116.2	112.0	106.2	112.1	105.9	102.4	101.7	97.1
美郷高校 商業科	95.5	133.0	115.1	129.2	102.2	124.9	104.8	112.6	100.6	124
美景農業高校 農業関係学科	93.3	74.5	70.3	73.6	75.6	68.3	82.8	97.7	116.7	118.7
美景農業高校 家庭関係学科							70.2	54.7	55.0	86.5
拓進工業高校 工業関係学科	95.0	108.1	120.0	130.2	125.2	135.6	113.4	116.8	116.7	104.5

　資料は『学校統計要覧』（宮城県教育委員会）、『宮城県教育関係職員録』（宮城県教育会館）による。

　豊穀高校農業関係学科の志願集中度は昭和53年度から100を割っていて、その後は昭和61年度までほぼ下降の一途を辿っています。この下降の速さは当時

の学校に対する評価と相応して加速度を増していきました。

　昭和56年度に普通科を設置したものの、志願の減少に歯止めがかからなかったことは先にも述べたとおりですが、注目すべきことにこの時には美郷高校商業科、美景農業高校、拓進工業高校の志願集中度が100より下回っていることから、豊穀高校のこの新しい普通科に期待を寄せられた形跡が見られます。しかし、この件については調査の主目的ではなく、調査項目とはしなかったので、あくまでも想像の域を出ないことを付け加えておきます。

　また、美景農業高校も昭和61年度までは下降傾向が見られますが、その下降程度が豊穀高校程ではなかった理由の一つとして、農業土木科という学科を持っていることを指摘する声がありました。同じ農業でも機械を扱うということにより、魅力を感じるからだといいます。

　問題の昭和62年について見てみると、豊穀高校の農業関係科（産業技術科）と普通科が極端に伸びていることと引換えに、美景農業高校以外はすべて志願集中度が下がっていることが判ります。特に、清水高校普通科は期待値である100を割っていますので、前章で触れたように、「清水高校にも入れる生徒が豊穀高校に入った」注1ということを裏付けています。また、拓進工業高校についてもこの年は集中度が大きく下がり、「豊穀高校でも工業の勉強ができる」注2いう進路指導をしたことによる生徒の移動もこれに現れていることがわかります。

　なお、昭和62年度の豊穀高校の産業技術科の集中度は130.4であり、前年の12.4と比べると10.5倍の数値になっていることは注目に値します。その後、美景農業高校においても自助努力があったということであり、これも次第に集中度が伸びる要因となったことも付け加えておきます。

　豊穀高校の普通科については、3年次におけるコース制による技術習得の魅力も手伝ってか、平成元〜2年度にかけては139.2が141.6と清水郡における集中度の値は最も高いものとなっています。これは極力浪人生を出さないという中学校の方針に反して「落ちてもいいから豊穀高校を受験したい」注3という生徒が存在することを表しており、「入学したくても入るのが難しい」注4ということが、明確に表れていることがわかるでしょう。

2 予備登録に見られる豊穀高校志願傾向の増加

　前項では志願集中度を用いて、郡内の中学生が豊穀高校に吸引されていることを説明しましたが、よりそれらを確実に把握するために、視点を変えて志願傾向の増加を見てみることにしましょう。

　多くの県においても行われているとは思われますが、宮城県の場合には、高校受験に際して「予備登録」と称して事前に志願希望調査を提出し、その段階で志願者がどれだけいるのかの統計を取るということが行われています。それにより、希望の学校の倍率が高ければ志願先を変えるということも可能となっていました。その後は、「本登録」といい最終的な志願をするようになります。

　ここで、興味深いのが予備登録の動きです。

　予備登録では、事前に受験希望校の志願状況がどのような状況に置かれているかを知る事ができるという反面、本登録の際に観測を誤れば極端に志願者が集中する、また、その逆に全く志願者が少なくなるといった現象が起こりうる可能性を秘めています。中学校における進学指導の際にも、この状況の捉え方が非常に難しいということをどの担当者も話していました。

　昭和56年以降の豊穀町周辺の高校について、予備登録と本登録を表したのが（表2-1-1）です。

　予備登録の入学志願率をY、本登録をHとすれば、その性質上次のような傾向があります。

　①　$1 < Y$ ならば、$(1 <) H < Y$

　②　$Y < 1$ ならば、$Y < H (< 1)$

　つまり、予備登録が定員よりも多い場合には、本登録では定員に近づくように下がる傾向があり、予備登録が定員よりも少ない場合には、本登録では定員の枠を充足するような形で志願者が増えるという傾向が見られるということです。これを便宜上「定員接近の法則」と呼ぶことにします。

（表2-2-1）清水郡高等学校入学志願に関する予備登録と本登録の状況

（上段は予備登録、下段は本登録の志願倍率を表す）

年		昭56	昭57	昭58	昭59	昭60	昭61	昭62	昭63	平元	平2
豊穀高校	農業科	0.88	0.83	0.65	0.40	0.45	0.30	募集停止			
		0.95	0.85	0.83	0.53	0.35	0.23				
	生活科	0.45	0.38	0.23	0.28	0.20	募集停止				
		0.43	0.38	0.30	0.28	0.18					
	普通科	0.82	0.52	0.59	0.67	0.60	0.53	1.02	1.03	1.27	1.47
		0.86	0.59	0.80	0.60	0.73	0.63	1.03	1.10	1.30	1.34
	産業技術科						新設	0.95	1.30	1.60	1.45
								1.30	1.53	1.23	1.15
清水高校	普通科	1.09	0.99	1.13	1.09	1.02	1.14	1.05	1.04	1.13	1.08
		1.03	0.95	1.06	1.04	1.00	1.03	0.97	0.98	0.99	1.01
美郷高校	普通科	0.96	0.92	1.19	1.04	0.93	1.16	1.02	1.12	1.04	1.11
		0.96	0.92	1.13	1.06	0.88	1.02	1.06	1.06	1.09	1.02
	商業科	0.80	1.06	1.22	1.24	0.69	1.17	1.26	1.04	1.40	1.23
		0.84	1.09	1.12	1.20	0.84	1.13	1.04	1.36	1.08	1.18
美景農業高校	農業科	0.69	0.40	0.34	0.48	0.26	0.24	0.53	0.68	0.75	1.38
		0.74	0.39	0.36	0.58	0.29	0.24	0.68	1.10	1.03	1.23
	農業土木科	0.88	0.80	0.78	0.88	1.03	0.98	0.90	0.98	0.90	1.13
		0.93	0.83	1.03	0.88	1.13	1.33	0.98	0.93	1.48	1.28
	生活科	0.86	0.76	0.75	0.71	0.71	0.54	0.61	0.70	募集停止	
		0.86	0.73	0.84	0.71	0.71	0.65	0.70	0.50		
	生活科学科								新設	0.46	0.80
										0.59	0.91
拓進工業高校	機械科	0.78	0.96	1.44	1.15	1.30	1.18	1.31	1.41	募集停止	
		0.78	0.98	1.26	1.23	1.04	1.19	1.23	1.30		
	電子機械科								新設	1.46	1.19
										1.34	1.09
	自動車科	1.38	1.03	1.43	1.33	1.18	1.55	1.15	1.10	1.45	1.35
		1.03	0.95	1.23	1.08	1.08	1.28	1.08	1.20	1.33	1.20
	電気科	0.93	1.25	1.43	1.73	1.45	1.38	1.30	1.30	1.10	1.23
		0.95	1.20	1.30	1.58	1.20	1.23	1.10	1.05	0.98	1.03
	工業計測科	0.75	0.33	0.65	1.00	0.90	1.08	1.20	1.18	募集停止	
		0.68	0.33	0.83	1.00	0.83	1.28	1.03	1.20		
	情報電子科								新設	1.18	1.00
										1.28	1.10

昭和56年度以降について清水郡は定員よりも志願者が少ないという状態が数年ほど続いていました。昭和56〜59年度までを見ると、農業関係の学校は豊穀高校と美景農業高校がありますが、この2校については全体的に他のどの高校よりも志願者が少ないことが分ります。そして、先の「定員接近の法則」も例外なくあてはまっています。特に拓進工業高校においてはその傾向が大きいということに注意が必要です。

　昭和62年度になると、豊穀高校は農業科から産業技術科に転換しています。この時は予備登録が0.95だったことにより、各中学校において慎重な対応をしたことが窺われます。実際、様子を見るということがあったようです。

　しかし、本登録において、1.30倍とかつてない高倍率となっています。これは豊穀高校のＰＲが「定員接近の法則」にさらに輪をかけたためでした。そして、この時ある中学校においては、「拓進工業高校に予備登録を出した生徒は豊穀高校への受験に切りかえてはどうか」、という指導をしたことにより、そのように移動したことも前章で触れたとおりです。なお美景農業高校が全体としてこの年の志願率が高いのは、定員削減をしたことが大きな要因であったと思われます。

　昭和63年度になりますと、豊穀高校は「定員接近の法則」が当てはまらない様相を呈しています。つまり、予備登録が既に1.30倍になっているにも関わらず、本登録が1.53倍となっているのです。これについては、特定の中学校が前年度に殆ど不合格者を出さなかったので強気の出願をしたためであったことがわかっています。この年には、次第に高校総定員に対する中学校卒業生の数が多くなり、受験生にとっては厳しい状況となってきていることも見逃すわけにはいきません。

　平成元年度では、豊穀高校は普通科の志願率も上昇してきます。これは普通科において3年次のコース制が初めて実施された年に当たります。そして産業技術科の予備登録が1.60倍となっていることが注目されますが、本登録では1.23倍に下がってはいるものの、中学校の生徒にとっても憧れの学校であるというイメージが定着してきている、という中学校職員の証言に合致した数値となっていることがわかります。

普通科に関して見るならば、清水高校と美郷高校はこの地域でも伝統のある学校であり、進学希望者はこのいずれかに進学するというのが従来の傾向でした。しかし、（表2-2-1）からも窺えるように、昭和62年度以前は清水高校も美郷高校も予備登録と本登録とでは殆ど動きはないのですが、それ以後については予備登録の高低を問わず、両校とも本登録が低下する傾向が見られます。これはとりもなおさず、豊穀高校が清水高校や美郷高校に代わり、新たな普通科の受け皿としての役割を担ってきていることを意味しています。

以上のことから、昭和62年以降のことについて次のことが言えます。

①　農業関係科から産業技術科へ学科転換したことにより、工業高校への志願者が豊穀高校へ向かうようになった。

②　3年次にコース制を採用し、普通科の進学希望者や技能習得希望者に対するカリキュラムを見直したことにより、志願者が増えた。

③　学科転換して2年目には「定員接近の法則」が当てはまらなかったが、次第に法則に従った安定的な志願が定着しつつある。しかし、志願率は依然として高い。

3　学校活性化の時期的背景

ところで、清水郡の郡全体の高校入学志願者の平均倍率（高校入学総定員に対する中学校卒業生の割合）の推移は次のようになっています。

(表2-1-2)　清水郡全体の平均倍率の推移

年	昭51	昭52	昭53	昭54	昭55	昭56	昭57	昭58
倍率	1.07	1.04	1.02	0.92	0.96	0.88	0.81	0.98

年	昭59	昭60	昭61	昭62	昭63	平元	平2
倍率	0.94	0.83	0.91	1.00	1.04	1.07	1.05

資料は『学校統計要覧』（宮城県教育委員会）、『宮城県教育関係職員録』（宮城県教育会館）による。

これを見ると、豊穀高校において普通科が設置された昭和56年は、高校の入学定員に対して受験する中学卒業生の少ない年であったことが判ります。その翌年はさらに減少していることを考えると、その時点で学科新設を行っても入学生の減少は目に見えていた筈です。

　それにも関わらず学科新設を行ったことにより、定員を割る受験者数となり、入学してきた生徒にとっても受験競争を潜ってきたという実感が薄くなります。これにより、活気のある高校生活を期待してきた生徒にとって、不可抗力であっても、「期待を裏切られた」という印象を拭いきれなかったことと思われます。

　この意味においても、昭和62年度という年は第1次ベビーブームの次の世代が登場してくる時期でもあり、新学科設置やそれに伴うPRを活用するには時間的にも恵まれていたということがいえます。また、その時期を逸することなく適切な判断の上に一連の改革が行われたことは、上記の点からも有効であったといえるでしょう。

注1　第2章第3節6、⑵参照
注2　同上
注3　同上
注4　第2章第1節参照

第2節　豊穀高校活性化の要因

1　学校と地域との連携

　第1節においては、昭和62年度以降清水郡内における生徒の移動状況が確実に豊穀高校に集中したということを述べてきました。ここでは、それがどのようなメカニズムにおいてなされたのかを考察しようと思います。そして、それは調査の段階において聞いた多くの職員や関係者の話の中に既にその解答があったように思いますので、それらを随所に折り込みながらまとめていきます。

　当時の八重樫教頭は一連の取り組みについて次のように言っています。

　「半ば社会から見捨てられたような子どもが、学ラン（丈の長い学生服）を着たり、タバコを吸ったり、暴れることにより自己主張をしていた。プライドを持たせることが学校建て直しの一番の基礎だった」と。その他の職員や多くの関係者が「プライド」ということをしきりに強調していました。これは「自己存在感の確立」と言い換えてもよいでしょう。

　第1章第3節における様々な実践のどれをとっても、生徒の「存在感」、職員の「存在感」、地域の人々の「存在感」、父兄の「存在感」、受験生の「存在感」、来校者の「存在感」、これらのすべてのことの根底に流れている思想が「存在感」でした。正に、この「存在感」こそが、この一連の改革全容のキーワードであったように思われます。言葉を変えるならば、「一人一人を大切にし、相手にとって何が心地よいかを常に考え、そして行動に移した」ということです。

　具体的には、（P111. 図2-2-1）の第1段階として職員の共通理解を背景にしながら、校長が「呼び水」として地域に出掛けて行ったことにより、「地域の人々の存在感」が喚起されました。高校の校長が自ら地区や議会に赴き、話をし、そして地域の声に耳を傾けるということは、たぶん今まであまりなかったことでしょう。

その結果、第2段階として、外部の人を学校に招き、生徒の一所懸命にやっている姿を見せる場を作ることができ、またそのことは同時に「生徒自身の存在感」の確認になったことでしょう。またそれらの積み重ねにより、地域と学校とのつながりができたということはある意味において自然の成り行きであったと考えられます。

　第3段階は、「学校が一所懸命やっているのに、あんだ（あなた）タバコやってだめだっちゃ（だめでしょう）」という地域の人からの声が出てくるようになっています。そのことにより、生徒にとって「存在感の確立」ということと引換えに、地域の人からの指導も受けざるを得ない状況に会うことを意味します。そのことは、とりもなおさず地域も親や学校と一緒に子どもを育てる意識を形成したということでした。

　第4段階としては、職員が開放講座により得意分野を担当することは、業務としては大変なことにせよ、「自分の存在感の確立」につながったでしょう。さらに、そのような姿を見た来校者が、好意的な評価を下すようになることもまた自然の流れでありました。

　第5段階には、来校者が地域において豊穀高校の職員の親切な応対ぶりや施設設備についての印象をPRしたということにより、中学生には、当初から豊穀高校に対して良いイメージを持つということができていました。

　実際、入学してからも、第2章で述べたように生徒を活かすような配慮をしているので、生徒も高校生活を肯定的に捉えることができたのが第6段階です。生徒の持つ情報は伝播速度が速いので、近隣の中学校に対する影響もこれにより増幅されたと考えることができます。

（図2-2-1）　豊穀高校活性化の構造

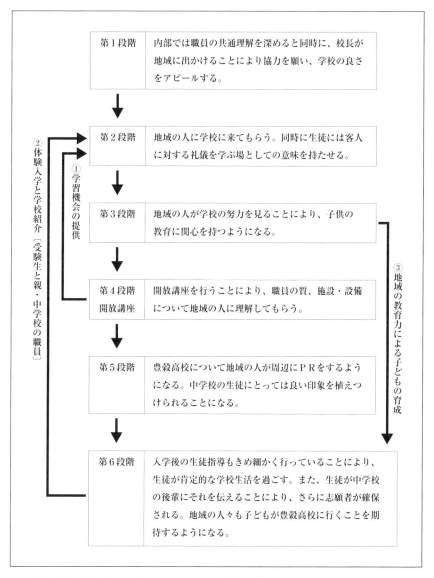

※　①、②、③は矢印の始点の段階それ自体が機能することにより、終点の段
　　階への循環を促進するシステム。

そしてこの構造についてはいくつかの循環するシステムが備わっています。つまり、

① 　開放講座に来た地域の人々は、次回の開放講座についても多くの人の牽引力となることにより、第4段階は第2段階へと循環する。

② 　第6段階において、入学した生徒が学校についての良い情報を地域に提供することによって、地域に対して学校への関心を喚起させ、更に第2段階において来校の機会を設けることによって、その情報収集の機会を提供するということにも応じることができる。

③ 　第2段階における地域の人々の来校と、第4段階における開放講座の流れの中から、学校職員との人間的な触れ合いを基にした教育についての関心が、地域の子どもに対する愛情となり、家庭や学校以外の場面においても教育力が発揮される下地を作ることになっていく。

　以上のように、内部においても循環するシステムを持つので、これらの各段階がその役割を充分果たしていることにより、この構造は安定を保つことが予想されます。しかし、もしどこかの段階がうまく機能しなくなると、それを補うバイパスが臨時に形成されるでしょうし、それも限界にさしかかった時にはもう一度根底から構造の構築をすることになるでしょう。第Ⅰ期においては地域とも一体であったことは、第2章においても触れたとおりですが、事実、豊穀高校における第Ⅱ期の志願減少傾向は、構造的には第2段階の欠落によって起こり、第3段階が阻害されたためにそれ以降の段階がクリアーできなかったことによるものであったと考えられます。そして、それらに伴う派生的現象が学校の存廃を揺るがすほどの問題となっていたのでした。

　よって、昭和62年度に従来の学校中心の発想から、地域の教育力を活かす枠組を構築し、またその内部に循環するシステムを持たせることによって、豊穀高校は学校の活性化に成功したということができるでしょう（P111. 図2-2-1）。

2　活性化が可能であった背景

⑴　管理職のリーダーシップ

　豊穀高校の活性化が、職員の大きな努力の賜物によっていることについて
理解していただけたのではないでしょうか。では、これらの努力がどのよう
にして行われたのかに多少触れておきたいと思います。第2章でも取り上げ
ましたが、校長の発案と実行ということが大きな要素ではありましたが、そ
れを充分に活かすかどうかはその組織や構成員にも関わってくるものです。
豊穀高校の場合、見逃してならない事は教頭が校長の持ち味を引き出すべく
努力したことにより、一連の実践がさらにうまく行われたということでした。

　リーダーシップについては多くの研究がありますが、豊穀高校の実践を理
解するためにＰＭ理論というものを通して、その切り口から多少考察を加え
てみることにします。

　これはリーダーシップの性格を二つの機能に分けて考えるもので、一つは
Ｐ（Performance）目的遂行機能で、もう一つはＭ（Maintenance）組織維
持機能とよばれるものです。これらの相互関係によって、組織がどのように
変化するのかを研究する理論のことです。

　校長と教頭のリーダーシップの組み合わせに関しては、中矢宗和氏による
興味深い研究があります。

　それによりますと、Ｐ機能を計る質問項目は次のようなものです。

①　勤務時間や外出その他、職員の服務規律について、厳正である。
②　仕事の経過や結果についての報告を要求し、チェックする。
③　決められた期日までに課題を達成することを強く要求する。

またＭ機能としては次のようになっています。

①　あなたがたの意見、希望、提案を、うるさがらずに聞いてくれる。
②　職場に何か気まずい雰囲気が生じたときに、うまく解きほぐす。
③　あなたがたの意見と自分自身の意見が食い違っても、無理に自分の意
　　見を押し通すようなことはしない。

そして、ＰとＭの機能について、それぞれ強い傾向を持つ場合にはＰ、Ｍ

で表し、弱い傾向を持つ場合にはp、mで表しています。そして、上記の類型に照らし合わせてモラール（Morale＝士気、風紀、ここでは「教員が自分の学校に勤務することについて誇りを持ち、意欲を持って学校に尽くすようにさせること」）とどのように関係しているかを分析しており、その観点としては、リーダーシップの本質をモラールの向上にあるとしています。

モラールを計る尺度としては、次の質問が用意されています。

① 教師という仕事に誇りをもち、生きがいを感じるか。

② 毎日の仕事に張り合いを感じているか。

③ 現在の勤務校に魅力を感じているか。

④ 学校の職員仲間とうまくやっているか。

⑤ 自分の学校を悪く言われたら不愉快か。

⑥ 勤務校の学校運営の方法に満足しているか。

これらの項目について、校長と教頭のリーダーシップの組み合わせにおけるモラールの類型についての相関関係が（グラフ２）です。

その結論によりますと、「リーダーシップというものは、ＰとＭがなければならないのだが、Ｐを欠いてもリーダーシップが成立する、しかし、Ｍを欠いた場合にはリーダーシップの質が低い」ということになります。

さて、豊穀高校についてですが、今回の調査では上記の項目で分析はしませんでしたが、印象では校長はＰＭ型を発揮し、教頭はＭ型に徹したように見受けられます。これらを裏付ける証言を第１章から拾うならば、次のようなものがあります。

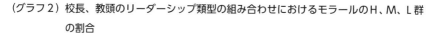

（グラフ2）校長、教頭のリーダーシップ類型の組み合わせにおけるモラールのH、M、L群
　　　　　の割合

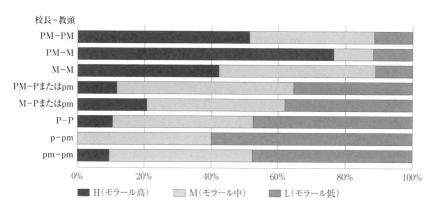

校長については、

「目的意識がはっきりしていた」

「今にしてみれば教員同士を競わせたという印象を持つ」

「後手の生徒指導が先手になった」

「タバコ１本で生徒の進退を考えさせた」

「思いやりと優しさがあった」

「『先生方一所懸命やってください。責任は私がとりますから』と言ってく
れた」

「生徒も職員も大切にする人だった」

「職員の共通理解を大切にした」

「『弱い立場の人を大切にしなさい』と言っていた」

「良いことは隠さない。全体の前で良いことを誉めた」

「町の婦人部、老人の方にも溶け込んでいた。親しみ易い人」

「酒飲みの会場でも自分から注いで廻る人だった」

「『絶対退学させない、面倒見る』と親に説明していた」等々があげられる
でしょう。これはＰＭ機能の内容です。

教頭については、

「女房役に徹底的に徹した」

「雰囲気作りがうまかった」

「気遣いは素晴らしかった」

「小山校長の発想に肉付けをして行動につなげた」

「現業の人たちとの調整では心を砕いたようだった」

「校長を活かすことのできる人。働きやすかった」

「重要な役割を果たしていた。校長と生徒部長との調整をうまくやっていた」

「校長が厳しい人だったから慰め役だったようだ」と言われています。これらは正にM機能です。

これらを総合しますと、本来の持ち味なのか、豊穀高校の置かれた状況によってその役割を演じたのかはここでは問題ではありません。結果として、校長はPM型、教頭はM型の役割を果たしたと言ってよいと思われます。

そして、それは、職員にとってはモラールの最も高い形で発揮されるような組み合わせでもありました。もし、校長がM型であったならば、職員のモラールの高レベルは当時の約半分位の水準にしか現れなかったでしょうし、逆に教頭がPMであっても校長の持ち味を充分に引き出すことが難しかったことも類推されます。

先の章でも書いたとおり、ある先生が「いくらトップに権限があっても、また組織がいかに立派でも、人間関係がうまくいっていないと組織は機能しないが、私達はそのような雰囲気が生まれてきたことにも恵まれた。」と言っています。それについては「雰囲気作りがうまかった」という教頭の果たした役割を見逃すことはできないことと合わせて、校長も「教頭に恵まれた」と言っていることとも符合していることは注目に値します。

若い教員が多いということは、豊穀高校においては良く作用した要因であったということは先にも述べましたが、それとは反対に、経験が浅いが故に方法論が分らないということも同時に諸刃の剣となり得ることです。そのような意味においても、改めて管理職のリーダーシップの持つ意味は極めて大きいと言わざるを得ません。

⑵　職員の構成

　ここで、職員についても触れておく必要があります。

　豊穀高校が文部省指定による一連の実践についての研究を行ったことは、先に触れたとおりです。それをまとめた研究集録によれば、「研究は、平均年齢32歳という24名の教師集団でなされたものである。55％の20歳代の教師が、中堅教師を核にして強固な教師集団を結成し、個の指導と集団の指導を場面に応じて強力に進めた」注1ということにもあるように、「比較的若い教員と柔軟に対応できる職員組織だから相まって効果が上がった」ことにも支えられたといえるでしょう。

　「従来は管理職主導型で動いたが、組織を使って動いたことも良かった」という旧職員の話からも、相互補完的な関係を持っていたことが窺われます。

⑶　学校を支えた町の理解

　町における豊穀高校への援助の姿勢が一貫していたことは、この章において触れてきたとおりです。その背景としてここで書かなくてはならないのが、独立に向けて関与した当時の町長についてです。残念ながら、豊穀高校の発展を見ることなく往ってしまわれましたが、昭和53年に校舎が焼失した際にも復興に力を尽くしたと言われている人物です。

　彼については、「豊穀高校独立当時の町長は意欲的で高校に対する援助があった。政治感覚の優れた人であった。学歴がなかったので、学校に対する気持ちは人一倍あった」という元教育長の話が伝えられています。

　そして、そのような学校教育に対する町長を始めとした全町的な支えが背景にありました。現在の町長も同様の路線を取っている状況において、小山校長の赴任となったのです。先にも述べたように、既に町としては効果は上がらなかったものの県による生徒指導の指定を受けたことにより、地域内でのコミュニケーションの下地が作られていた、ということも見逃すことのできない要因でもありました。

　一連の実践が可能だった要因をまとめると次のようになります。

　①　殆ど影は薄かったものの、町には高校活性化の潜在的期待があった。

また、県の指定による研究において、既に地区内での話し合いが持たれ
易い状況があった。

②　ＰＭ型の校長の赴任により、学校と地域が活性化され、Ｍ型の教頭が
それを徹底的に支えた。このことは、結果的に豊穀高校に関して言えば、
県による人事配置は評価されてしかるべきものだった。

③　職員組織や若い職員が柔軟に対応した。

④　中学卒業生数の急増の波の時期とも重なり、学校の良い点を地域に紹
介することにより、期待倍率以上の志願者を集めることに成功した。

⑤　歴史的経緯により、町関係者の学校教育についての理解があったので、
小山校長の方針を受け入れることが容易であり、また歓迎する土壌があ
った。

既に畑は耕されていたのでした。そこに期を逸すること無く種を蒔いたの
が小山校長であり、校長と教頭が栄養を与え、職員によって育てられ、手入
れが施され、地域の人々がその良さを実感したということだと思われます。

注 1　『昭和62、63年度文部省指定高等学校生徒指導研究推進校研究集録』　宮城県豊穀高校
　　　 p 59。当時の教頭の原稿による

第3節　今後の宮城県の課題

　これまで豊穀高校の実践例をもとに、学校の活性化にまつわる状況とその背景について述べてきました。そしてまた、今回の調査により、多くの立場の人々の声を聞くことができたことにより、問題が山積していることも感じたところです。調査の協力を戴いたのは、高校については豊穀高校関係者が主でありましたので、農業関係高校の観点を中心とした問題の提起を受けました。また、中学校関係者については高校に送り出す立場からの様々な観点からの証言でしたので、これについても考えさせられるところが多かったのも事実です。

　たとえば、学問の自由を保障する憲法下にありながら、県立高校の学科配置は農業関係学科一つを取ってみても、旧態依然としており、ニーズに対応していない状況でした。

　多くの中学生は、自分の希望する学科どころか希望する地域にさえ進学先を選ぶことが難しくなっていることは既に触れたとおりです。不本意な入学をせざるを得ない生徒にとって、「個性の尊重」を提唱してももはや自ずと限界があり、現場における指導についても対症療法的なものしか期待ができないのが現状でしょう。今こそ、地域の教育行政について中学校と高校の両関係者を中心とする関係諸機関をも含めた形で、根本からの話し合いが持たれるべきとの思いを強く持ちました。

　その内容としては、

① 　必ずしも交通網の恩恵にすがる形を取らず、本来生徒にとって通学しやすい距離にある学区の再検討。

② 　中学校と高校における双方向の要望実現のための連絡協議会の設置（地区単位と県単位について）。

③ 　上記との関連において、既設高校の学科配置の根本的見直し、そのための大規模な調査の実施。

これらの項目は、いずれもそれを実現するための情報交換の機会がないもの

ばかりです。つまり、日常的に問題関心を持っていても、それらの解決に向けての機関が存在しないがゆえに一時的な対症療法で逃げきるか、あるいは不満を燻らせながらも解決への展望がないために、慢性的な意欲喪失状態の教員を作り上げることを助長しかねないという深刻な問題を孕んでいます。それらが生徒の成長にとって、決して望ましい方向ではないことは誰の目にも明らかでしょう。

　また、農業関係について言うならば、「国の減反政策に伴って、生徒の志望が少なくなってきた」と言った豊穀高校の職員の落胆の表情が印象に残っています。国の農業政策の煽りを受けて農業への魅力が減少したことにより、農業関係高校が苦境に置かれたことのしわ寄せが、国の将来を担うべき若者に来ています。

　繰り返すようですが、問題は

①　農業を国家の基幹産業とする位置づけを、速やかに復権させることが望まれること。食料を自給できないことによる国家的危機管理について問題は非常に深刻である。

②　それが早急にはできない状況ならば、県の高校の学科編成はそれに伴って柔軟に対応すること。何よりも生徒の学習の需要に応えるような制度・施設を提供することは、地方公共団体の役割なのだから。それに伴う人事の問題の対応策としては、たとえば開放講座担当職員としての役割を担当する等考えてみてはどうだろうか。農業に関して言えば、地域の住民の望んでいるような関連情報の提供基地（地域に開放する試験実習場のようなもの）を設置する等を考えてみてはどうか。家庭園芸などは、都市部においても近年愛好者が増しているようでもあり、その分野においても需要は多いと思われる。

③　また、国外に視点を向けたとき、諸外国では農業だけに限らず、技術者がまだまだ不足している。そこで、宮城県が起点となり、学科見直しによる教員の人事に関して、海外で協力するための技術者養成を考えてみてはどうか。いまこそ財力にものをいわせるだけの日本から脱却して、心のつながりによる人間的貢献ができる人材養成を本気で行うべきと思われる。

④　それに伴い、青年海外協力隊も実績を挙げてはいるが、帰国後の職業についての保障も合わせて考えなければならない。実はこの点がポイントになっており、今後の展望に影を落としていると聞いている。

⑤　以上、挙げてきたことは、もしかすれば、検討の段階において部門の枠に囚われてなかなか進展することは難しいことかもしれない。しかし、今、全世界を見渡したとき、宮城県でも先鞭を付けることのできるものがあるならば、それは今後の日本のためにも行うべきことであると思う。

以上をもって拙稿を終わることにします。地方の一つの高校に焦点をあてての考察でありましたので、おそらく高校の学科や中学校における進路指導のあり方など、他にも多くの問題を孕んでいることと思われます。今こそ、それらの問題の所在を明らかにして、来るべき生徒減少時代により良い学習環境を提供できるような準備の急務が望まれてなりません。

参考文献

乾　彰夫	『日本の教育と企業社会』　大月書店　1990
豊穀町	『町勢要覧』　1997
豊穀町役場	『豊穀町町史』　1974
豊穀町	『年輪－町政施行20年のあゆみ－』　1977
豊穀町企画課	『主要統計表』　1989
大蔵省印刷局	『教育改革に関する答申－臨時教育審議会第一次～第四次（最終）答申－』
	1988
太田　堯	『戦後日本教育史』　岩波書店　1978
大野雅敏	『迷走社会からの脱出－学校教育研究試論－』　東信堂　1976
尾形　憲	『学歴信仰社会－大学に明日はあるか－』　時事通信社　1983
小川　剛	『学校開放のすすめ方』　全日本社会教育連合会　1987
小此木啓吾	『一・五の時代』　筑摩書房　1987
小此木啓吾	『こころの進化』　三笠書房　1985
鐘ヶ江晴彦	『現代のエスプリNo.184－地域と教育－』　至文堂　1982
河北新報	『公立高校入学志願者出願状況』　毎年2月掲載
河合隼雄	『子どもと自然』　岩波新書　1990
グレン・H・エルダー著　本田時雄他訳
	『大恐慌の子どもたち－社会変動と人間発達－』　明石書店　1986
児玉三夫訳	『日本の教育　連合軍占領政策資料』　明星大学出版部　1983
佐々木薫	「実験的接近－リーダーシップの規定要因について－」
	『年報社会心理学第11号』　1970
日本社会心理学会編集　「リーダーシップ－集団課程の社会心理学－」
	『年報社会心理学第11号』　1970
武山清彦	『非行と闘う－やる気を育てる心の教育－』　ぎょうせい　1990
田中祐次	「学校教育におけるリーダーシップの研究－わが国における研究の状況－」
	『年報社会心理学第11号』　1970
永岡　順・小島弘道　『現代学校経営総合文献目録1975－1985』　第一法規　1987
日本教育社会学会編　「教師の社会学」『教育社会学研究第43集』　1988
畠山弘文	『官僚制支配の日常構造－善意による支配とは何か－』
	三一書房　1989

日高幸男・福留強　　　『学社連携の理念と方法』　全日本社会教育連合会　1987

水沼晴弥　　　　　　　『折ふしの記』

三隅二不二　　　　　　「組織におけるリーダーシップの研究」

　　　　　　　　　　　『年報社会心理学第11号』　1970

溝口謙三　　　　　　　『地域社会と学校』　日本放送出版協会　1987

Mitsuo Kodama CIE（15Feburuary1946）"EducationinJapan"MeiseiUniversityPress

『近代日本教育制度史料』　講談社

『美景農高五十年史』　　宮城県美景農業高校

『学校要覧（各年度版）』　宮城県豊穀高校学校

『同窓会会員名簿』　　　宮城県豊穀農業高校学校同窓会　昭和54年３月

『豊穀農高十年史』　　　宮城県豊穀農業高校学校

『研究集録（昭和62・63年度文部省指定高等学校生徒指導研究推進校)』

　　　　　　　　　　　宮城県豊穀高校学校

『昭和62・63年度文部省指定高等学校生徒指導研究推進校研究成果中間報告資料編』

　　　　　　　　　　　宮城県豊穀高校学校

宮城県教育委員会　　　『学校統計要覧』　1952〜1989

宮城県教育委員会　　　『宮城教育年報』　1952〜1988

宮城県教育委員会　　　『宮城県の教育』　1952〜1968

河北新報社宮城県百科事典編集部編　『宮城県百科事典』　河北新報社　1982

国民教育研究所編　　　『全書国民教育第10巻　民主的高校教育の創造』

　　　　　　　　　　　明治図書　1967

森　靖雄　　　『やさしい調査のコツ』　大月書店　1989

文部省編　　　『わが国の文教政策　平成元年度』　1989

山崎政人　　　『自民党と教育政策』　岩波新書　1986

渡辺洋三　　　『日本社会はどこへ行く－批判的考察－』　岩波新書　1990

渡辺孝三　　　『学校経営20講』　教育開発研究所　1987

後　書　き

（平成３年時点のものです）

　執筆を終えて、今にしてみれば当然のことではあったのですが、必ずしも学校関係者だけではなくとも、教育に対する深い考えを持つ方々が多くおられることを改めて知る機会となりました。そして、本文中には書くことはできませんでしたが、非常に意義深い内容を聞く機会にも恵まれました。

　たとえば、「工業に押されて、農家自ら農業に対する失望感を持った（農業高校にいながら目的意識を持てず）。勉強したがらない生徒が先生の下宿にまで行って暴れた。しかし、分らないからこそ教育というものがある。そのように、教育がない時ほど教育が必要なのです。時代の流れはすべてを押し流していきますからね」との豊穀高校初代ＰＴＡ会長の話は印象的でした。また、豊穀高校の再建については、「試練に対して町当局、地域の方々、職員が一丸となって渾身の努力をした。生徒もそれに応えた。地域の人々の学校に対する温かい協力体制があって、今『地域に開かれた高等学校』となっている。生涯学習の観点による開放講座が良かった。今は常に学習をしていかねばならない時代であるので、生徒は学校にいる時から学習方法の習得をして欲しい」という豊穀町町長の話も苦労を共にした関係者の話として感慨がありましたし、町長がこれだけ教育について話ができる程に学校との結びつきが深かったということも印象深いものがありました。そして、当初は「地域から見放された学校であった。廃校後には県の施設が来るという議員の噂もあったようだ。あるいは、親から見放された捨て子のようなもの、どちらから見限ったか分らないが、地域の学校に対する悪い印象は半ば固定化していた。まさか変わるとは思わなかった」という当時の職員の話が関係者の思いを代表しているように思われてなりません。

　そして、一連の取組みで最も喜んだのは第一義的には、豊穀高校の生徒と家族を中心とする地域の関係者でしょう。そして、第二義的にはこれらのことを伝え聞いて、同様の取り組みを行おうとしている他の学校と地域です。広く教育を考える上で、これがより重要な意味を持つのではないでしょうか。

　次の世代に夢や希望や感動を託すものとして、教育の持つ役割は大きいものがあります。若者が「生きる」ことへの価値や魅力や喜びを知らないままであったならば、本人の人生のみならず、これからの時代においても大きな損失と

なることと思います。

　我が国において「個の尊重」が叫ばれて久しいですが、制度の確立と同時に社会全体の個を尊重する雰囲気の醸成については、今後の取組みが益々期待されるとともに、集団で行う事柄についても協調性を養わねばならないことは言うまでもありません。

　しかし、現行の学校教育においては、どちらの事柄についてもまだまだ中途半端に思えます。つまり、生徒は自分の存在を認められたいと思う反面、それをどのように表していいのか判らないでいる場合もあります。また、それを受け入れる側にとっても、行動や言動において個の主張を受け入れる素地が不十分なために、発信者の意思を素直に受容することができないというのが現実ではないでしょうか。

　ところが、これらを考えるにあたり、さらに注意しなければならない状況が進行してきています。工業優先の時代において、機械化・科学化の美名のもとに、人間と人間との関係が阻害されてきている状況が散見されます。ゲームやビデオの世界における価値観で自己実現を図ろうとする人間が、現実の人間との間にコミュニケーションがうまく取れず、不幸な結果を招いたということは、挙げればきりがないほど状況は差し迫っています。

　また、科学に支配されずに、科学と上手に付き合っていくことのできる人間を育てることにも教育の大きな役割があると思われます。科学を妄信することにより、人間の可能性を自ら否定することがあってはならないと考えるからです。

　豊穀高校における実践の中で「良いことは隠さない」ということがありました。これにより多くの人々が表彰されましたが、これは努力をすることの価値を知ると同時に、他人の良い点を素直に認めるという気持ちを醸成する心理的な効果もあったと思われます。

　そのような意味においても、学校の果たす役割は今後大きくなることが予想されます。そして、教員についても期待されるところが多くなっていくことでしょう。

　職業として教員を選ぶということについては、多くの考え方があるでしょう

が、これからの時代にあっては、もはや子どもや親だけとの関わりにおいて教育を考えることは、時代の要求にそぐわなくなることと思われます。教員の持つあらゆる力を総動員して、地域の要請に応えるということが望まれるようになると予想されますし、そのようなことが教員の職務として定着してくるでしょう。開放講座を行う職員の姿を見て、「将来は教員になりたい」と思う子どもが出てくるような時代が近々来るかもしれません。しかし、そのためには現状でさえ仕事が多いといわれている職員の待遇の改善も、同時に考慮されなければならないと思われます。

　問題は多いようですが、教育の世界にはまだまだ多様な可能性が残されています。

　「生徒」のみならず、生涯学習体系に対応した「人間」の夢・希望・感動の奥深さを現在以上に探索する時代がすぐそこまでやって来ています。

　そのために、教員は学問の追求にとどまらず、社会との接点をも絶えず模索することが必要になってくることでしょう。そのような意味においても、「県立学校でありながらも、町との連携を積極的に行った」ことは様々な示唆を与えています。この事例は既存の枠組みにとらわれずに柔軟な発想を持ち、決然と行動を起こすことが、人の価値観をも変えてしまうことを示しています。

　それは、とりもなおさず学校に対する社会からの要請でもあり、それに応えることが教育の役割でもあると思われるからです。

謝　　辞

　本書は、高等学校教員であった筆者が、現職のまま宮城教育大学大学院に入学することができたことにより書いたものです。この入学の機会を提供して頂き、快く研修に送り出して下さいました、当時の宮城県松島高等学校校長の故菅井勝朗先生に深く感謝の意を表します。

　このことを行うにあたり、実に多くの方々の御指導、御援助、激励をいただきました。特に、当時在任校であった松島高等学校の職員の方々には大変お世話になりました。この場を借りて御礼申し上げます。

　本来は氏名を挙げて御礼するべきところではありますが、内容によっては氏名を公表できないような部分もありますので、誠に申し訳ありませんが、以下のような形で(仮名含む)御礼をさせて頂くことをお許し願いたいと思います。

　調査を主とする内容ということもあり、延べ人数約70人の方々のお話を聞かせて頂くことができ、その方々の御協力には本当に感謝しております。特に、筆者にとって初対面であった豊穀高校元校長の小山先生が「全面的に協力しましょう」と言ってくださり、多くの時間と御援助を頂いたことは非常に有り難いことでした。ここに改めて感謝いたします。

　調査の中心とさせて頂きました豊穀高校については、昭和62年から現在までの校長先生、教頭先生、事務長先生には特にお世話になりました。

　何よりも大変お世話になったのが、豊穀高校現旧職員の方々でした。中には貴重な思い出でもある『卒業生名簿』や『記念誌』等々を「調査のためならばどうぞお使い下さい」と提供して下さる方々もおいでになりました。また昼食まで御馳走して下さった先生や、夏の暑いときにジュースや採れたてのトウモロコシを御馳走して下さる先生もいらして、非常に恐縮しておると同時に感謝しております。更に、豊穀高校元同窓会長様、元ＰＴＡ会長様、豊穀高校卒業生の方々や父母の方々におかれましては御多忙のところ時間を取って下さいまして本当に有り難うございました。

　豊穀町関係では、御多用のところ時間を割いて下さった町長様、町関係の資料の収集についても便宜を計らって下さった教育長様、御丁寧にも葉書により最新の情報についての御紹介も下さった前議会議長様、町長様とのコンタクトについて便宜を取り計らってくださった総務課長様、突然の訪問にも気持ち良

く応対してくださった豊穀町商工会の方々には本当にお世話になりました。有り難うございました。

　そして、豊穀町の地域の方々、清水郡の公共職業安定所の方、清水郡関係の中学校現旧職員の方々にも非常に貴重なお話を頂くことができ感謝しております。

　調査を開始してから最終段階までの約1年半に渡って、随時宿泊先を提供してくださった浅野氏御一家には全く家族同様の待遇をして頂き、ただただ言葉も無いほど大変お世話になりました。この場を借りて感謝の意を表したいと思います。

　資料の収集につきましては、宮城県教育研修センターの久保田斉先生、森正行先生に御配慮を頂きましたことに感謝いたします。

　宮城教育大学院生の方々にも随時助言を頂きましたことに感謝いたします。

　なお、留学生として来日されていた中華人民共和国東北師範大学の李甦先生には公私に渡って多大な激励を頂戴したことに感謝いたします。

　最後になりますが、平成2年から学長になられました故伊藤光威先生には研究環境についての御配慮を頂きましたことに感謝いたします。

　雪江美久先生には指導教官として懇切丁寧な御指導、御助言を戴きましたことに感謝いたします。

　故江馬成也先生は指導教官として研究に当たっての方法・心構え等についての御指導・御助言を戴きましたことに感謝いたします。

　出版に当たり、金港堂出版部主任の田高佳枝氏には、丹念に資料の精査をしていただくとともに、丁寧に推敲をしていただきました。部長の菅原真一氏には貴重な助言や多大な激励を頂戴しました。お二人には出版に際して並々ならないお力添えを賜りましたことを、この場を借りて深く感謝します。

（1991年1月16日）
（2023年5月追記）

〈著者紹介〉

藤倉宏文（ふじくらひろぶみ）
昭和31（1956）年、岩手県生まれ、宮城教育大学大学院教育学研究科修了。
岩手県、宮城県の公立高校、私立中学・高校、小学校勤務を経て、
令和5年4月よりフリー。
著書に『青春の宝物』（協同紙工）

高校活性化の軌跡　志願倍率上昇の実例とその要因

令和5年5月16日　初版

著　者	藤	倉	宏	文
発 行 者	藤	原		直
発 行 所	株式会社金港堂出版部			
	仙台市青葉区一番町2-3-26			
	電話022-397-7682			
	FAX022-397-7683			
印 刷 所	株式会社仙台紙工印刷			

©2023 HIROBUMI FUJIKURA

落丁本、乱丁本はお取りかえいたします。
ISBN 981-4-87398-157-4